CUENTOS QUE
AYUDAN A LOS NIÑOS

Gerlinde Ortner

*CUENTOS QUE
AYUDAN A LOS NIÑOS*

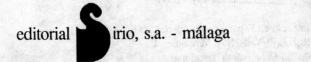
editorial **S**irio, s.a. - málaga

6.ª edición: Mayo de 2000

Título original: MÄRCHEN, DIE DEN KINDER HELFEN
Traducido del alemán por Maria del Mar Barea

© de la versión original
   1988 by Orac Buch und Zeitschriftenverlag GesmbH

© de la presente edición:
   EDITORIAL SIRIO, S.A.
   C/. Panaderos, 9
   Tel. 952 22 40 72 - 29005 MALAGA

ISBN: 84-7808-170-4
Depósito legal: B. 24.151 - 2000

Impreso en España en los talleres gráficos de
Romanyà/Valls, S.A. Verdaguer, 1
08786 Capellades (Barcelona)

Introducción

La idea de escribir estos cuentos "terapéuticos" para niños y adultos surgió durante el transcurso de mi labor con niños que padecían de los llamados trastornos de conducta. La mayoría de ellos no tendrían por qué haber recurrido a mi centro de orientación psicológica, si sus padres hubieran estado mejor informados sobre los criterios que marcan el crecimiento de su hijo. Es frecuente que muchos padres ignoren, sin querer, las necesidades psíquicas primordiales del niño y actúen sin la comprensión necesaria ante los problemas y los modos de comportamiento específicos de cada etapa de su crecimiento.

Por otro lado, a muchos padres les resulta difícil motivar adecuadamente a sus hijos. En lugar de estimularlos, más bien tienden, inconscientemente, a desmoralizarlos. La premisa para motivar correctamente al niño es adecuar las exigencias deseadas por los padres a las posibilidades y facultades momentáneas del niño, y que éstas sean formuladas en un lenguaje comprensible por él. Los cuentos son el instrumento ideal para aprender a superar la barrera lingüística y mental entre adultos y niños. En numerosas ocasiones he podido experimentar los efectos positivos del cuento en el niño. Durante mi labor como psicóloga infantil he comprobado, reiteradamente, el éxito de los cuentos que tienen en sus manos como medida terapéutica. La experiencia nos enseña que los niños se identifican con los héroes de las narraciones y se apropian entusiasmados las ideas y soluciones propuestas para la superación de sus problemas: fórmulas mágicas, sorpresas debajo de la almohada o señales secretas indias estimulan al niño a "identificarse" con su problema y tomar parte activa en el desarrollo de su persona y su comportamiento. Los cuentos están dirigidos tanto a los niños como a los adultos. ¿Pierde usted la paciencia cuando, en el momento más inoportuno, el niño se hace el remolón y se mueve con la parsimonia de un pequeño sonámbulo o cuando entre tanto desorden no encuentra su juguete preferido? Si dispone de la suficiente paciencia, sensibilidad y la dosis necesaria de autocrítica, estos cuentos le ayudarán, con toda seguridad, a corregir estas pequeñas rebeldías de su hijo. Si bien este libro no puede sustituir una terapia tal vez necesaria en caso de serios trastornos de conducta, como enuresis nocturna o tartamudeo, angustias, o si su hijo tiene dificultades en su integración en el jardín de infancia o el colegio, sí que puede llegar a convertirse en un valioso complemento.

La parte teórica del libro esta reservada a los adultos. Un prefacio de tipo general y explicaciones al final de cada cuento, ofrecen una introducción a los temas de educación y modificación del comportamiento y definen los principios de la motivación positiva. Los padres encontrarán, además, instrucciones prácticas para el trato con los niños y sus problemas. Considero muy importante la lectura preparatoria de las explicaciones teóricas, ya que, en cierto modo, la mayoría de los padres suelen ser educadores "profanos", es decir, en un campo tan importante como es la educación de los hijos, no han recibido ningún tipo de formación o instrucciones sistemáticas. De esta deficiencia se derivan, en muchos padres, la inseguridad e, incluso, torpeza. Por otro lado, los problemas que los hijos crean a los padres son, por lo general, la prueba más significativa de que los hijos tienen problemas con los padres.

Este libro de cuentos no pretende, sin embargo, ser un ejemplar más en la infinita serie de "manuales prácticos para los padres". No exige el estudio de nuevas estrategias pedagógicas y tampoco es necesario dejar de lado los conocimientos que ya posee. Se trata, simplemente, de prestar al niño la atención que necesita. El objetivo de este libro es ofrecer un cierto apoyo a los padres en su afán de motivar al niño positivamente, de comprenderlo mejor en su problemática y, de esta forma, evitar que, con buenas pero equivocadas intenciones, se consolide la conducta irregular de su hijo.

Cómo motivar correctamente a su hijo

Existen ciertas normas educativas válidas a lo largo de todo el proceso de crecimiento del niño. Las pautas y los consejos siguientes tienen por objeto servirle de ayuda para evitar equivocaciones en la educación y prevenir irregularidades en el comportamiento de su hijo.

El crecimiento del niño no siempre tiene lugar con la misma intensidad. Los períodos relativamente tranquilos, en los que el niño practica lo aprendido y reune fuerzas para la siguiente fase de crecimiento, van seguidos de períodos de crisis en los que descubre nuevas facultades y alcanza un escalón superior de desarrollo. Durante estos períodos, el niño está sometido a una enorme carga física y psicológica. Está inseguro, especialmente susceptible, y su comportamiento provoca más de un quebradero de cabeza a los padres. Es durante estos períodos cuando se cometen los errores más graves en la educación, bien por falta de comprensión o porque los padres creen oportuno dedicarse al niño "difícil" con más intensidad de lo normal. El niño desea esta dedicación intensiva. Siempre que consigue ser el centro de atención gracias a un comportamiento irregular, se está consolidando sin querer el "ser malo", gracias a esta atención inmediata, y dicha conducta aparecerá también en los períodos normales de crecimiento.

Los períodos de crisis más importantes:

- En el octavo mes (primera distinción entre lo "conocido" y lo "desconocido", de ahí, la inseguridad y el "extrañar").
- En el tercer año ("fase de contradicción", capacidad de planear ideas propias, "descubrimiento del yo", transición del pensamiento espontáneo en el presente al pensamiento concreto a largo plazo, desarrollo de la fantasía).
- En el sexto año (primera transformación en la forma corporal, de niño pequeño a la forma de colegial, de ahí provienen los trastornos del equilibrio psíquico y físico, el niño duerme peor, se vuelve más miedoso, más propenso a enfermedades, "caprichoso", más desordenado).
- Pubertad (introversión, desarmonía consigo mismo, problemas con el entorno, sensación de incomprensión y soledad, enorme inseguridad, actitud de protesta).

El niño se transforma en cada fase de crecimiento. Los padres deben adaptar su comportamiento al proceso de crecimiento previsto por la naturaleza. En el caso de un niño de año y medio es necesario, por ejemplo, consolidar normas inalterables y aplicarlas con gran coherencia. En el caso de un niño de dos años y medio, por el contrario, que se encuentra en la "fase de contradicción", psíquicamente difícil, se puede hacer la vista gorda en más de una ocasión. Del mismo modo, se evaluarán de forma distinta los miedos y el repentino incumplimiento de actividades realizadas rutinariamente en un niño que se encuentra en la fase de crisis de los seis años a un comportamiento idéntico en un niño de ocho años que pasa por una fase de crecimiento tranquila.

Tanto si el niño se encuentra en una fase de crisis o en una de tranquilidad, para ambas es válida la siguiente máxima: el comportamiento se aprende. Mediante el aprendizaje, el niño adquiere tanto comportamientos deseados como no deseados. Se distingue:

Aprender de un modelo mediante observación e imitación. De modelo sirve bien un "portador de prestigio", es decir, un prototipo o una persona que obtiene ventajas gracias a un comportamiento determinado y que resultan atractivas para el niño o le reporta experiencias agradables y, por esta razón, se lo apropia.

Aprender del éxito: si el niño recibe una reafirmación positiva como consecuencia inmediata de un comportamiento determinado, repetirá este comportamiento para ser favorecido nuevamente.

Caso modelo:

Un grupo de seis niños se reune cada mañana al cuidado de una madre, que varía cada semana. Una de las madres formula la siguiente regla: "No se habla con la boca llena". Pedro se esfuerza por tragar el bocado y poder, por fin, comunicar algo a la madre, pero Petra se le adelanta. Pedro intenta interrumpir a Petra, pero nadie le escucha. Con el siguiente bocado suelta lo que quería comunicar sin preocuparse de terminar de tragar los restos de comida. Por lo menos, ha tenido éxito al haber conseguido ser escuchado y no tener que seguir dominándose. La reprimenda que sigue a continuación causa mucho menos efecto en él que el éxito inmediato de haber sido escuchado. Pedro volverá a hablar con la boca llena la próxima vez (aprender del éxito).

Pablo, el amigo de Pedro, es igual de impaciente. El aprende de Pedro que hablando atropelladamente con la boca llena se llega más fácilmente al éxito que si se traga primero y después se habla (aprender de un modelo).

El éxito, recompensa, afirmación y reafirmación son experiencias subjetivas que varían con cada situación.

Consideración: Ser considerado es una necesidad humana elemental. No ser considerado, ser un cero a la izquierda que pasa desapercibido, es un castigo. Por esta razón, incluso la forma negativa de ser considerado (crítica, contradicción, advertencia) significa éxito y, especialmente, si el niño las experimenta más a menudo que la dedicación positiva. Rige la divisa: "Más vale recibir una dedicación negativa que ninguna."

Elogio, reconocimiento: Son un elixir vital muy importante que estimulan al niño y reafirman la confianza en sí mismo (ver página 19).

Privilegios (como por ejemplo quedarse levantado más tiempo de lo habitual o tener libertad para planear el domingo).

Reafirmación material: (golosinas, regalos, dinero...): ¡Cuidado! Las reafirmaciones materiales deben permanecer en un nivel secundario, es decir, en segundo lugar después de las "reafirmaciones sociales" (elogio, reconocimiento y dedicación). El niño no debe ser educado para estar dispuesto a bajar la basura solamente porque sabe que va a recibir dinero. Las reafirmaciones materiales se emplearán sólo en situaciones especiales, para servir de estimulo adicional.

Caso modelo:

A la madre le molesta que Pedro no se atenga a sus instrucciones. Por otro lado no quiere imponer ningún castigo. Por eso se toma el tiempo suficiente y habla tranquilamente con Pedro para animarle. Pedro experimenta esta conversación como recompensa. Sin embargo, este premio no tiene aún el efecto de reafirmación, puesto que Pedro considera el elogio como una sensación agradable dentro de la dedicación e intentará primeramente conservarlo. Durante la próxima comida consigue dominarse y no habla con la boca llena. Como Pablo continúa hablando con la boca llena, se gana inmediatamente la reprimenda de la madre y Pedro permanece ignorado. Pablo recibe dedicación a causa de su comportamiento y la actitud de Pedro es, digámoslo así, "castigada". Como consecuencia, también Pedro llamará la próxima vez con la boca llena. La madre intenta, una vez más, convencer a los niños con buenas palabras, explicaciones y advertencias. Pedro y Pablo se han convertido en el centro de atención. A partir de ahora cada vez son menos los niños que se atienen a la regla. La situación durante las comidas se hace insoportable para la madre, no consigue imponer su autoridad contra el alboroto general. Ni siquiera los castigos (como, por ejemplo, no poder jugar después de comer) dan resultado, ya que por entrar en vigor con retraso, han perdido la relación inmediata con el comportamiento no deseado. Las amonestaciones producen el efecto de recompensa inmediata.

Pedro comienza a rechazar a la madre y ésta, a su vez, le tilda de niño problema. Así se le asigna a Pedro un papel nuevo que él continúa interpretando para seguir siendo el centro de atención. Pablo, por su parte, hace el payaso para que los demás niños se rían de él; disfruta siendo el centro de atención.

La madre ha convertido a los dos niños en personajes "importantes" en el grupo infantil, al haber utilizado la dedicación y la atención en el momento equivocado. ¡Nadie renuncia voluntariamente a un puesto importante dentro de una colectividad!

Cualquier forma de dedicación (ya sea convencer con buenas palabras, advertir o criticar) que tenga lugar como consecuencia de un comportamiento determinado, produce el efecto de reafirmación. Las actitudes concretas que despiertan la atención de los mayores son repetidas por el niño con frecuencia durante el día para volver a recibir lo que desea.

Caso modelo:

Durante la semana siguiente, es otra de las madres la que está al cuidado de los pequeños. También ella formula la norma: "No se habla con la boca llena". Pedro parlotea y escupe restos de comida, Pablo empieza a decir tonterías y Petra se ríe de él y le toma el pelo.

La madre ignora que los tres desatienden la regla y se vuelve hacia los niños que continúan esforzándose por tragar primero y empezar a hablar después: "Me encanta que seáis tan pacientes y esperéis hasta haber terminado de comer lo que teníais en la boca". (Reafirmación por descripción del elogio) "Sé que, cuando queréis contarme algo, es muy difícil esperar hasta terminar lo que se tiene en la boca." (Comprensión de los hechos). "Por supuesto que cada uno de vosotros va a tener la ocasión de contarme lo que quiera cuando termine lo que está comiendo. Yo me esfuerzo por no olvidar a nadie y, para que sepáis que me doy perfecta cuenta de que alguien me quiere decir una cosa después de tragar, le hago una señal mientras está masticando. Por eso, no tenéis que ser impacientes ni tenéis que tener miedo de no poder hablar. Estoy orgullosa de todo aquel que sabe dominarse mientras mastica la comida". (Motivación e instrucción para mantener el comportamiento deseado).

Mientras que la madre está hablando con los niños, observa discretamente a Pedro, Pablo y Petra. Inmediatamente después de que uno de ellos se calla y sigue masticando, se dirige a él y le elogia: "Estoy orgullosa de lo bien que sabes dominarte." (Recompensa en forma de dedicación inmediata). "Cuando alguien habla con la boca llena, puede atragantarse facilmente o escupe restos de comida. Es una escena tan poco apetitosa que no nos queda otro remedio que ignorarla y volver la espalda." (La madre explica las consecuencias que resultan de un comportamiento no deseado, sin reforzar éste en forma de dedicación inmediata). Naturalmente, la madre no tiene que estar continuamente elogiando o haciendo señas a los niños. Lo único que necesita es reforzar inmediatamente el comportamiento deseado de los niños hasta que lo han aprendido. No debemos olvidar nunca del todo el elogio explícito para estabilizar el comportamiento recién aprendido.

Caso modelo:
Miguel está jugando tranquilamente en su habitación. La madre está encantada de que el niño se entretenga solo y no la moleste, pero no se lo dice para no distraerle. Miguel se pone pesado. La madre, entonces, le advierte y le pide que siga jugando y sea bueno. Miguel vuelve a jugar un momento, pero, inmediatamente, vuelve a molestar a su madre. Ella le regaña y le advierte otra vez.

Miguel descubre que su madre le presta mayor atención si, en lugar de jugar tranquilamente, se pone pesado. Es decir, para alcanzar el éxito deseado, tiene que molestar. Con un comportamiento negativo, Miguel consigue por la fuerza la dedicación que se le niega "siendo bueno". La madre consigue, con una reacción errónea, justo lo contrario de lo que deseaba. Tendría que haber entrado varias veces en la habitación del niño y haber manifestado con un elogio concreto su alegría de que el niño estuviera siendo tan bueno.

Nada se da por supuesto, y mucho menos el "ser bueno". Todo comportamiento deseado del niño (incluso actividades diarias como comer, lavarse o vestirse...) deben ser elogiadas inmediatamente hasta que se conviertan en rutina. E incluso entonces no se debería renunciar del todo al elogio para mantener las formas de conducta aprendidas.

Por el contrario, una conducta no deseada, no puede responderse con una dedicación inmediata. Es conveniente hablar con el niño sobre el tema cuando haya desaparecido prácticamente la conducta negativa.

¿Cómo se debe reaccionar cuando un niño está a punto de empezar a ser "malo"?

— Recurrir a una situación alternativa positiva
— Ignorar la conducta negativa
— Construir un puente hacia la conducta deseada

La situación, en la práctica, se presenta más o menos así: "Ayer me dio mucha alegría que te vistieras tan bien. Me llenó de orgullo que supieras hacerlo tú solo. Estoy segura de que hoy lo vas a volver a hacer igual de bien".

Este reconocimiento estimulante debe emplearse cuando el niño ya ha mostrado claramente una conducta equivocada. Ahora bien, este reconocimiento no debe emplearse directamente con el niño, sino debe dirigirse a un tercero. Es suficiente con murmurar a media voz un monólogo para lograr el efecto deseado. Mientras tanto se observa al niño para dirigirse a él inmediatamente cuando muestra la conducta deseada.

Un tema delicado es el castigo. Por lo general, la meta de padres y pedagogos debe ser la educación exenta de castigos, lo que no significa que el niño pueda hacer o dejar de hacer lo que le plazca. Un castigo tiene sentido cuando tiene como consecuencia que la conducta no deseada conlleve a una pérdida de "prestigio". Si el castigo se utiliza como manifestación de la autoridad paterna para descalificar o degradar al niño, como amenaza o penitencia, debe renunciarse a él totalmente. El castigo se tolerará solamente cuando se aplica como consecuencia anunciada, por ejemplo, en forma de pérdida de privilegios. El castigo por sí mismo nunca conduce al razonamiento, más bien al contrario fomenta una actitud miedosa o de astuta evasión.

¡Los castigos se emplean en casos extremos solamente para limitar ciertas formas de conducta no deseadas y no para castigar al niño!

Si uno se imagina la educación en forma de escalera que consta de muchos peldaños pequeños, la meta consistirá en conducir al niño desde el "estado real" o primer peldaño, al "estado teórico o ideal", el peldaño más alto de la escalera, sin olvidar la predisposición, los deseos y las necesidades del niño. No debe saltarse ningún peldaño y cada meta parcial debe ser comentada con el niño.

El elogio es un instrumento de suma importancia dentro de este sistema educativo, ya que alienta al niño a que alcance el escalón siguiente.

— El elogio no debe contener ninguna connotación crítica ("¿Te das cuenta, por qué no lo haces siempre así?").
— El elogio no debe utilizarse de forma global ("Eres el niño más bueno del mundo").
— El elogio debe abarcar la situación del niño, es decir, tiene como objeto valorar el esfuerzo, el afán, los logros y los sentimientos del niño y expresar la alegría, el interés personal por el niño y el reconocimiento sincero y concreto de la situación.

Mediante el elogio, podemos mostrar al niño (¡y también a los adultos!) el camino hacia la buena conducta de una forma mucho más efectiva que mediante la critica. El elogio estimula, la crítica desmoraliza.

Caso modelo:
Andrés enseña a su madre un ejercicio de caligrafía. La letra le ha salido bonita en algunas palabras, en otras no.

Reacción habitual de los padres: "Escribe inmediatamente todo otra vez, así de mal no se puede quedar". De mala gana y, probablemente, protestando, el niño volverá a escribir todo de nuevo, sin esforzarse especialmente.

Reacción correcta: "¡Qué bonita te ha quedado esta

palabra! Te ha salido verdaderamente bien. No te has olvidado ni siquiera del punto en la "i". Cuando escribas las demás palabras otra vez, seguro que te salen igual de bien y me van a encantar." Gracias a esta forma de elogio, la madre expresa lo que espera del niño, le pone una meta sin llegar a exigirle por encima de sus posibilidades. El niño recibe el estímulo necesario para seguir desarrollando sus facultades.

El elogio concreto y descriptivo no sólo estimula al niño sino que, además, le proporciona seguridad y la sensación de que le comprenden y le toman en serio. No le mima ni le ablanda, sino que le da firmeza. Un niño que es elogiado con frecuencia encuentra más fácilmente el camino. No necesita convertirse en el centro de atención por medio de comportamientos erróneos para, de esta forma, ganarse por lo menos la atención de su entorno.

Muchos padres cometen el error de apreciar únicamente los comportamientos equivocados en el niño. Con frecuencia les resulta difícil valorar sus lados positivos. En este caso, existe un método muy fácil para alentar a los padres a ocuparse de los puntos fuertes y los talentos de su hijo, por un lado, y por otro, para proporcionar al niño la dedicación y el reconocimiento necesarios. Se trata del "libro de estrellitas" (comparar con la página 96 y 145). En este libro, los padres escriben comentarios positivos sobre el comportamiento del niño durante el día, independientemente de cómo haya sido su conducta (ningún niño está insoportable todo el día). La inscripción puede realizarse de la forma siguiente:

"Me ha dado mucha alegría que me ayudaras a hacer la compra. Ya eres muy inteligente y responsable. También me alegro de que me cuentes cómo te ha ido en el colegio, me gusta mucho charlar contigo. Estoy orgullosa de que hayas sabido contenerte y no te hayas puesto nervioso. Hay que ser muy fuerte para saber dominarse y tú lo has conseguido. ¡Bravo!"

Todas las noches, antes de irse a la cama, los padres deberán leer al niño lo que han escrito en el cuaderno. Estos momentos deben estar libres de todo conflicto, porque profundizan la relación entre los padres y el niño y transmiten a este la sensación de seguridad y de confianza.

Independientemente de la "técnica" individual en la educación, lo importante es, sobre todo, que la comprensión y el calor humano estén en primerísimo lugar en la vida familiar. La relación de pareja debe vivirse plenamente ante los hijos. Ello no significa que cualquier diferencia de opinión entre los padres deba ser ocultada delante de los niños. Siempre que la disputa conyugal no degenere en rencor, siempre que los padres consigan no enfrentarse uno a otro con hostilidad y siempre que los hijos tengan la oportunidad de presenciar la reconciliación, un conflicto conyugal no tiene porqué causar daños necesariamente. Un ambiente de continua hostilidad y carente de afecto sí pueden, por el contrario, desencadenar funestas consecuencias.

Poner sobre el tapete y exteriorizar emociones constituye el primer paso para aprender a mostrar comprensión, evidenciar que tomamos en serio a la otra persona y ejercitar el ponerse en lugar de los demás. La aceptación y el respeto mutuo de sensaciones y emociones ha de valorarse como el objetivo más importante en la educación.

Seguramente cada uno de nosotros ha vivido una situación como la que se describe a continuación: Estamos preocupados y tristes. En una situación tal recibimos de nuestro entorno las más diversas reacciones: "No te lo tomes tan a pecho. El tiempo lo cura todo.", "Procura dominarte. No te dejes hundir.", "¿Y te pones así por una nimiedad? Otros lo pasan mucho peor y tienen más razón para quejarse.", "Entiendo muy bien tu problema. A mí me sucedió lo mismo una vez cuando...", "Intenta distraerte. Te voy a contar un chiste para que pienses en otra cosa." "No seas tan sensible.", "Ay, pobre, que horror, no me gustaría estar en tu pellejo."

Con toda seguridad, ninguna de estas reacciones, bien intencionadas pero superficiales, supone un verdadero consuelo emocional para el afectado: aquí hay alguien que me comprende, que me toma en serio. Si el dolor es muy reciente, uno no quiere ni distraerse ni aceptar ningún consejo sino, simplemente, ser comprendido y tomado en serio en sus sentimientos. Reacciones como "Esto te angustia, ¿verdad?", "Puedo imaginarme lo que esto te decepciona", "Sé que ésto duele", es decir, expresar y respetar claramente los sentimientos es, en un momento así, una ayuda mucho mayor que cualquier razonamiento lógico.

Precisamente con los niños, que todavía no han perdido del todo la facultad de exteriorizar emociones, es necesario no transmitir la reserva de los adultos en cuestión de sentimientos. Por lo tanto, no sólo conceda al niño el que exprese sus sentimientos, sino aprenda usted también a reaccionar de la misma forma.

Caso modelo:
Petra se ha hecho daño y está llorando. Sus padres intentan consolarla. Un consuelo quejumbroso ("¡Pobrecito mi niño! ¿Qué es lo que te ha pasado?") lo único que conseguirá es que siga llorando y que el niño aprenda reacciones lastimosas. El intento de distraer al niño y degradar sus sentimientos ("No es para tanto, venga que te voy a comprar un helado") provocará la sensación de no ser comprendido y estar solo con su problema. Mucho más acertado es expresar tranquila y cariñosamente una frase como "Esto duele de verdad". Los padres no deben tener miedo a expresar claramente los sentimientos del niño. Si el niño siente que le toman en serio no se "instalará" en el dolor y se tranquilizará rápidamente.

Los consejos prácticos para cada cuento y relato que suceden a esta introducción de carácter general no pretenden ir más allá de ser una mera propuesta sobre la forma de motivar al niño. La forma concreta de hablar con el niño variará según la situación. Es aconsejable mantener una linea en las técnicas de motivación psicológica y las normas de educación definidas. Los programas sólo son efectivos si, antes de empezar con el entrenamiento, se intentan descubrir las causas de los fallos en el comportamiento infantil con sensibilidad y autocrítica.

Cuando el niño no quiere irse a la cama

NO QUIERO IRME A LA CAMA

"Andreas. Ya es hora de irse a la cama", insiste su madre. Andreas está entretenido jugando con sus coches y ni se le pasa por la cabeza obedecer. "Por favor, déjame quedarme un poquito más, sólo un poquito más", ruega el niño. "Nada de peros, ya te he dejado más de la cuenta".

Después de algunas protestas, su madre consigue meterlo en la cama. Un beso rápido de buenas noches y sus padres apagan la luz y cierran la puerta.

No pasa mucho tiempo y Andreas asoma la cabeza desde su cuarto: "Tengo sed". "Bueno, venga ", responde su madre, "Vete a la cocina y bebe un vaso de agua. Pero date prisa." Cuando Andreas atraviesa la sala de estar, sus pasos se vuelven cada vez más lentos, quiere captar lo más posible del programa de televisión. Su padre se enfada: "¡Todas las noches la misma historia!". De mala gana y, después de largos dimes y diretes, Andreas vuelve a su cuarto.

Esa misma noche, muy lejos de Andreas y de sus padres, don Grano de Arena se prepara para viajar de nuevo a la tierra. Como todos los niños saben, don Grano de Arena espolvorea arenilla en los ojos de todos los niños para que, aunque no quieran, se queden dormidos después de un rato.

Pero lo que quizá no saben todavía es que don Grano de Arena tiene también muchos granitos de arena. Los granitos de arena más mayores ya están preparados para ayudarle en su trabajo. El granito más joven de todos es un personaje muy curioso. Continuamente intenta convencer a don Grano de Arena para que le deje ir con ellos a la tierra, pero hasta ahora todos los intentos han sido en vano. Esa misma noche decide viajar en secreto. Como ya sabes, don Grano de Arena lleva siempre consigo un enorme saco de arena y lo que hizo nuestro granito fue vaciar un poco de arena del saco y esconderse en él. ¡Y ya estamos en camino a la tierra!

¡Uy! ¡Que deprisa volamos! A tanta velocidad, nuestro granito empieza a marearse. Cuando, por fin, ponen los pies en la tierra, sale del saco sin que nadie se dé cuenta, pero tiene un mareo tan grande que debe apoyarse en la pared y cerrar los ojos un momento. ¡Horror!, cuando vuelve a abrir los ojos don Grano de Arena ha desaparecido. Pero pronto se le pasa el susto. "Primero voy a ver la tierra y, después, siempre tendré tiempo de buscar a don Grano de Arena", piensa encantado con la idea. "Lo primero que voy a hacer es mirar dentro de esa casa. Y ¡qué coincidencia! el granito de arena aterriza precisamente en casa de nuestro amigo Andreas.

Andreas exclama sorprendido: "¿Qué clase de duende eres tú? ¡A ti no te he visto nunca, pero tienes una pinta muy divertida! ¿Quién eres, hombrecillo extraño?". Menos mal que los padres están sentados delante de la televisión, porque si no hubieran oído hablar a Andreas. "¿Cómo quieres conocerme, si es la primera vez que estoy en este planeta? Mi padre es el bondadoso don Grano de Arena". "Entonces, tú tienes que ser el granito de arena", responde Andreas estupefacto. "Sí, mi misión es ayudar a don Grano de Arena", inventa el granito, haciéndose el importante. "Tengo una idea estupenda", exclama Andreas. "Tú me puedes hacer un favor muy grande. Yo me aburro muchísimo en la cama. No quiero volver a dormir nunca más. Si el sueño no existiera, tendría mucho más tiempo para jugar o hacer otras cosas. ¡Seguro que tú puedes ayudarme a que don Grano de Arena no entre en mi habitación!".

El granito de arena rebosa de orgullo por poder realizar una misión tan sumamente importante. "Está bien, voy a ayudarte", le dice. "Don Grano de Arena siempre nos cuenta que pone un par de los granitos de arena invisibles para vosotros, los humanos, delante de las puertas de las casas en donde ya ha realizado su trabajo. Lo hace para no equivocarse porque, de lo contrario, podría ser que unos niños recibieran más granitos de lo normal y otros se quedaran sin nada. Yo tengo algunos de esos granos de arena invisibles en el bolsillo de mi pantalón y lo que voy a hacer es, sencillamente, ponerlos delante de tu puerta". "Fantástico, ¡qué divertido! Ahora podré jugar todo el tiempo que quiera. Gracias, eres un granito de arena estupendo", se alegra Andreas.

El granito de arena se despide diciendo: "Ahora me marcho para ver un poco el mundo. Mañana por la noche volveré a visitarte de nuevo. ¡Adiós, amigo! Entusiasmado, juega Andreas con sus coches. Lo que más le gustaría sería montar la pista de carreras, pero ésto podría despertar a sus padres. El cansancio empieza a vencerle, bosteza a menudo y los ojos le lloran, pero intenta pensar en otra cosa.

A la mañana siguiente, Andreas tiene la cara pálida y unas ojeras enormes y profundas. Sus amigos vienen a buscarle para jugar. "¡Hoy vamos a jugar a las carreras!". Andreas se alegra porque sabe que, en las carreras, siempre es el mejor. Y, además, se lo quiere demostrar al cara dura de Carlos, que siempre se burla de los que no son tan rápidos. Carlos se enfada muchísimo cuando Andreas gana alguna vez. "¡Preparados, listos, ya!" Todos salen corriendo. Pero, ¿qué sucede? Ahí se ha quedado un muchacho rezagado. La distancia con los otros se hace cada vez más grande. Pero, ¡si es Andreas! De tanto cansancio no puede casi ni correr y, prácticamente, se desliza como un caracol detrás de sus amigos. Carlos es el vencedor y se ríe con ganas de Andreas.

Andreas se encuentra fatigado y decaído. No tiene ganas

de seguir jugando con sus amigos y se marcha a casa disgustado. Pero tampoco en casa le apetece jugar o distraerse con algo. Por la tarde, Andreas tiene permiso para ver en televisión el programa para niños, pero ni siquiera tiene fuerzas para concentrarse en la emocionante película de aventuras. Le duele la cabeza y tiene que hacer esfuerzos para mantener los ojos abiertos. Esa noche se mete en la cama mucho más rápido.

Cuando todo está oscuro aparece de nuevo el granito de arena: "¡Hola!, ¿qué, quieres pasar otra noche sin dormir?" Andreas casi hubiera preferido contestar que no, pero entonces cambia de opinión: "Claro que no quiero dormir. La noche pasada me lo pasé fenomenal. Por favor pon otra vez los granitos de arena delante de mi puerta."

Y una vez más, Andreas pasa la noche sin dormir, pero esta vez no se lo va a pasar tan bien jugando con sus coches. Revuelve en el cajón de sus juguetes sin interesarse verdaderamente por algo. "¡Qué aburrido! No me encuentro bien y me duele todo. La verdad es que no está tan mal dormir por las noches", empieza a pensar.

Al día siguiente se encuentra con su desayuno favorito, cereales con frutas, pero se siente tan terriblemente cansado y débil que ni siquiera puede sostener la cuchara y, finalmente, hasta tiene que renunciar a su plato preferido.

Después del desayuno, se va al parque con los otros niños. La luz del sol le hace daño a los ojos y casi tiene que mantenerlos cerrados. "¿Jugamos a la pelota?", preguntan los demás niños. Andreas siente como si sus brazos y piernas fueran de plomo. Con un hilo de voz, responde: "Hoy no tengo ganas, jugad sin mí." "¡Qué aburrido eres!", exclaman los demás niños, dejándole de lado. Nadie vuelve a ocuparse de Andreas.

Andreas no piensa en otra cosa que en dormir. "¡He sido tonto! Sólo cuando se ha descansado lo suficiente se tienen fuerzas para divertirse. Sólo entonces se tienen ganas de jugar y ver la televisión. Sólo entonces disfrutas de tu plato favorito y sólo entonces tienes ganas de hacer cosas con los amigos.

Entre tanto, don Grano de Arena se ha enterado de que el travieso granito ha viajado de polizón hasta la tierra. Le ha buscado por todas partes sin poder encontrarlo. "Espero que este pequeño granuja no haya hecho de las suyas", piensa don Grano de Arena preocupado.

Esa noche Andreas ruega a granito de arena: "Por favor, no pongas más arena delante de mi puerta. No me gusta absolutamente nada estar despierto toda la noche. Me duele todo y los demás niños no quieren jugar conmigo porque siempre estoy cansado." "No lo entiendo", contesta granito de arena. "Los granitos no duermen nunca y nunca están cansados. Vosotros los humanos sois unas criaturas verdaderamente extrañas. De todas formas, me voy a quedar un ratito más contigo porque quiero ver cómo te quedas dormido." Andreas ya ha cerrado los ojos y duerme profundamente.

Como el granito de arena no ha puesto los granitos de arena invisibles delante de la puerta, don Grano de Arena no se hace esperar. Cuando descubre al travieso granito respira aliviado y, aunque le regaña un poco, se le pasa enseguida el enfado. Pero, cuando se entera de que el pequeño granuja ha estado ayudando a Andreas a pasar dos noches sin dormir, le explica seriamente: "Nosotros no necesitamos dormir, pero los humanos reaccionan de forma distinta. Cuando un hombre no duerme lo suficiente, puede ponerse muy enfermo. Tú has querido ayudar a Andreas y casi has conseguido hacerle daño. Por eso, vamos a darle una alegría y siempre que por las noches se vaya pronto a la cama, se encontrará con una sorpresa debajo de la almohada. Bueno, y ahora vamos a seguir, porque todavía nos esperan muchos niños que necesitan dormir para descansar."

Andreas duerme hasta bien entrada la mañana. "¡Uy,

que bien he dormido y qué hambre tengo! Estupendo, hace sol y puedo ir a bañarme con mis amigos." Cuando Andreas empieza a hacer la cama, se encuentra con una maravillosa y alegre bola de arena debajo de la almohada. "¡Ay, y mira como reluce! Seguro que me la ha regalado el granito de arena", se alegra Andreas.

A partir de entonces, siempre que Andreas se va pronto y sin protestar a la cama, se encuentra a la mañana siguiente una maravillosa sorpresa debajo de la almohada. Ya tiene una estupenda colección de bolas de arena con las que gana casi todas las partidas de canicas.

Consejos a los padres

La necesidad natural de dormir en el niño deja de existir en el momento en que, como sucede con la mayoría de los padres nerviosos, es "desplazado" a la cama. El niño interpreta esta manera de proceder como una falta de atención y se despierta en él la necesidad de forzar esta atención. Esto no significa que el niño actúe premeditadamente: "Si me levanto varias veces de la cama, coseguiré que mis padres me den la atención que deseo". El niño "aprende" esta conducta a través de la actitud de sus padres y, como consecuencia, aparece automáticamente. Mediante el no querer irse a la cama, el niño consigue una atención mucho mayor que si se fuera a la cama inmediatamente sin protestar. El poder "pescar" algo del programa de televisión o poder jugar más tiempo del permitido, son factores que, además, pueden actuar consolidando la conducta.

¿Cual es la mejor formā de actuar? Primeramente, el niño debe ser motivado para que verdaderamente quiera modificar su conducta. Si lo que desea es hablar con el niño y explicarle la necesidad de que cambie de actitud, no lo haga mientras está comportándose de la forma no deseada. Las explicaciones deberán darse antes o después de tal situación. El intentar convencer al niño también puede actuar consolidando la conducta irregular.

Es importante ofrecer al niño, por el comportamiento irregular, incentivos igual o más atractivos que lo que ha conseguido hasta ahora por otras vías (dedicación inmediata, ser el centro de atención, etc...) y ponerlos en práctica de forma coherente. Cuando, por el contrario, aparezca la conducta irregular, no habrá reacciones de ningún tipo.

La puesta en práctica podría transcurrir más o menos de la forma siguiente: "Ya sé que no es nada divertido para ti meterte en la cama mientras nosotros seguimos levantados. Seguro que no te resulta nada fácil estar metido en la cama mientras los demás están en la habitación de al lado viendo la televisión. (Conversación anterior a la conducta no deseada. Primera etapa de la motivación: compresión y sensibilidad ante los hechos). Cuando estás descansado, me cuentas muchas cosas por la mañana y a mí me encanta escucharte. Pero si estas muerto de sueño, no podemos charlar de nuestras cosas mientras desayunamos." (Explicación del motivo por el que no se desea la mala conducta).

"Te he leido la historia de Andreas, el niño que no quería irse a dormir. A mí también me gustaría jugar contigo a poner sorpresas debajo de la almohada. ¿Te gustaría que jugáramos? Seguro que este juego nos divierte muchísimo a los dos. (Segunda etapa de la motivación: interés en los adultos e hincapié en que se trata de intereses comunes." (Se empieza a guiar al niño hacia la conducta deseada).

"Tú sabes que todo juego tiene sus reglas. ¿Cómo piensas que podrían ser las nuestras? Lo mejor es que cada uno de nosotros piense qué reglas se compromete a cumplir". (Reglas a modo de instrucciones para determinar la forma de modificar la conducta).

"Si te vas a la cama sin protestar, no sólo te voy a dar un besito de buenas noches, sino que, además, me voy a quedar un ratito contigo" (Creación de nuevos incentivos).

"Si empiezas a levantarte, pienso hacer como si fueras invisible para mí y no existieras. (Anulación de los incentivos anteriores).

"Pero, si eres bueno y te quedas en la cama, cosa de la que estoy convencida, voy a volver a tu cuarto después de un ratito. Si ya estás durmiendo, te acariciaré suavemente la carita y te daré otro beso de buenas noches. A la mañana siguiente, cuando te despiertes, te encontrarás con una sorpresa debajo de la almohada. Puede que sea una preciosa bola de arena como la de la historia, un autoadhesivo para tu colección o cualquier otra cosa que te haga ilusión".

Lo importante es crear una situación nueva que resulte lo suficientemente interesante para el niño y ser consecuente a la hora de llevar a la práctica las "reglas del juego". Los incentivos materiales en forma de sorpresa debajo de la almohada no deben estar situados en un primer plano. Lo esencial es que la atención se preste en el momento en que aparezca la conducta deseada. Los incentivos materiales se pueden ir haciendo desaparecer poco a poco, tan pronto como el niño deje de tener dificultades con la forma de conducta recién aprendida.

Si, por el contrario, es el miedo la causa de que el niño no quiera irse a dormir, no debe hacerse uso de este programa. Primeramente, deben aclararse las raíces del miedo. No es suficiente un tratamiento de los síntomas. En un momento dado, sería conveniente dirigirse a un psicólogo. Tómese en serio el miedo de su hijo y no intente quitárselo por la fuerza. Hable con el niño de las diversas posibilidades que podrían ayudarle a conseguir seguridad y a superar los miedos. (Ver página 38).

Cuando el niño tiene pesadillas

UN, DOS, TRES, MIEDO
NO TE QUIERO VER

"¡Mami, Mami!", llama Claudia asustada, "¡ven conmigo, tengo mucho miedo! He tenido una pesadilla." Cuando su madre la ha tranquilizado, Claudia hace un montón de preguntas: "¿Por qué tengo que soñar siempre unas cosas tan horribles? ¿Por qué existen unos pensamientos tan malos? ¿Por qué no puedo escoger sólo los sueños bonitos? ¿Por qué no puedo, Mami? ¿Tienen los mayores también unos sueños tan feos? ¿Por qué papá y tú no tenéis miedo por las noches?".

Su madre sonríe: "No puedo contestarte a tantos porqués al mismo tiempo. Claro que los mayores tienen sueños feos a menudo. Le sucede a todo el mundo. Lo de los pensamientos es algo más complicado. Te voy a contar una historia y así quizá lo entiendas mejor. Intenta imaginarte que los pensamientos son hombrecillos muy pequeños. Naturalmente, en la realidad no es así, pero se trata de una historia.

Erase una vez que éstos hombrecillos-pensamiento vivían todos juntos en paz y trabajaban con alegría. Cada hombrecillo tiene una misión que cumplir: un pensamiento, por ejemplo, puede contarte otra vez la historia que mamá te va a leer. Otro pensamiento te enseña otra vez los preciosos juguetes que has visto en casa de tu amigo. Otros te recuerdan las cosas que papá y mamá te han enseñado o lo que has aprendido en el jardín de infancia o en el colegio. Unos pensamientos son estupendos para las matemáticas, mientras que otros tienen la misión de ayudarte cuando escribes poesías.

Un buen día, los hombrecillos-pensamiento empezaron a discutir unos con otros. Nadie puede acordarse cómo empezó todo, pero el caso es que los pensamientos dejaron de ser felices. De repente, unos querían ser más importantes que los otros.

"Yo soy un pensamiento importantísimo. Si no lo fuera, nuestro niño no podría nunca terminar de construir el castillo, porque yo no le diría cómo tiene que hacerlo. Por eso, yo soy mucho más importante que tú", le dijo un pensamiento al pensamiento matemático. "¿Conoces tú acaso algún niño que se alegre de saber contar?". "Puede que no se alegre", contestó el pensamiento matemático furioso, "pero gracias a mí, nuestro niño se convertirá en un colegial aplicado, que podrá ir a la compra él solo y sabrá administrar su paga semanal". "Me gustaría saber por qué estáis discutiendo", se entrometió otro pensamiento. "Yo soy aquí el verdaderamente importante y quien se merece todos los honores. Soy el maestro en combinar todas las cosas bonitas que nuestro niño ha vivido y en inventar con ellas los sueños más preciosos. ¿Existe algo mejor que tener sueños bonitos?"

El hombrecillo de los sueños se dio tanta importancia que los demás pensamientos se empezaron a poner rojos de rabia. Y cuanto más se enfadaban los otros, más se regocijaba el hombrecillo de los sueños. Empezó a inflarse de orgullo y a colocarse de puntillas para que todos los demás pensamientos pudieran ver que él era verdaderamente el pensamiento más importante de todos. Cada vez eran más los pensamientos que se acercaban a este pequeño farolero para intentar convencerle con buenas palabras de que dejara de presumir, puesto que todos y cada uno de los pensamientos tenían su importancia y significado para su niño, cada pensamiento a su manera. A pesar de todo, el hombrecillo de los sueños no pensaba dejar que le compararan con los demás. Al poco tiempo, ya habían intervenido todos los pensamientos pero ninguno consiguió triunfar sobre el hombrecillo de los sueños. Poco a poco, todos fueron aceptando que era imposible enfrentarse al hombrecillo de los sueños con palabras.

Entonces, decidieron todos los pensamientos actuar conjuntamente contra el hombrecillo de los sueños. "Le vamos a enseñar que un niño no necesita soñar nada en absoluto. Espera y verás". Tan furiosos como estaban, no le dieron muchas vueltas al asunto. Su intención era jugar una mala pasada al presumido pensamiento y la idea de que la jugarreta podía traer consecuencias, ni se les pasó por la cabeza.

Pero, ¿qué es lo que tramaban los pensamientos? Simplemente habían decidido desordenar los bonitos sueños del hombrecillo de los sueños y estaban tan ensimismados en planear nuevas jugarretas y era tal la alegría de ver enfadado al hombrecillo de los sueños, que se olvidaron completamente de su niño y no se dieron cuenta de lo que sufría con los malos sueños. Por fin, intervino en la disputa de los hombrecillos-pensamiento el pensamiento más sensato y aconsejó sabiamente al desesperado hombrecillo de los sueños: "¡Deja de presumir de una vez! Todos somos igual de importantes. Ninguno debe faltar, pero tampoco debe creer que, precisamente él, es el pensamiento más importante de todos. Sólo si nos mantenemos unidos y no discutimos, podemos ayudar a nuestro niño".

El hombrecillo de los sueños hizo el firme propósito de seguir el sabio consejo del pensamiento sensato. Los demás pensamientos le perdonaron y ninguno se volvió a entrometer en su trabajo y, de esta forma, el hombrecillo de los sueños pudo volver a inventar sueños bonitos y divertidos para el niño.

Pero como había sido tan presumido en el pasado, de vez

en cuando se volvía a olvidar de sus buenos propósitos. Entonces, empezaba otra vez a presumir y a querer estar por encima de los demás, pero como ya estaban prevenidos, no perdían el tiempo para volver a desordenar sus sueños esa misma noche. Así hasta que el hombrecillo de los sueños volvía a ser modesto. Por eso sucede de vez en cuando, hasta nuestros días, que los pensamientos regañan unos con otros y tú sueñas cosas feas. Cuando sueñas con fantasmas, bandidos o con hombres malvados, piensa que es una mala pasada del pensamiento que te vuelve a contar los cuentos de mamá. Si ya vas al colegio y sueñas con montañas de cuentas por resolver y estas desesperado porque no sabes cómo hacerlas, piensa que el pensamiento matemático está haciendo de las suyas. Si sueñas que tus juguetes se levantan del suelo o que salen volando, seguro que ha sido el pensamiento que normalmente te ayuda a construir tus castillos.

Te voy a revelar un secreto para que puedas llamar la atención a los pensamientos tontos y vuelvan a ser buenos y a cumplir con su trabajo. Tú eres capaz de hacerlo, porque eres el "creador" de tus pensamientos.

¿Has oído hablar alguna vez del simpático aprendiz de brujo? Si quieres, tú también puedes llegar a ser un aprendiz de brujo. Todos los aprendices cometen algunos fallos al principio con la fórmula mágica. Los grandes brujos también han pasado por ello cuando eran aprendices todavía. Con la práctica, también tus poderes mágicos irán aumentando cada vez más.

Todo aprendiz de brujo necesita tres cosas importantes: una fórmula mágica, una ayuda mágica y paciencia. La fórmula mágica es muy fácil de recordar: "Un, dos, tres, miedo no te quiero ver". Después necesitas la ayuda mágica, que es especialmente importante. Seguro que tienes un juguete preferido. ¿Quizá un osito de peluche, un perrito o un conejo?

También puede ser tu muñeca preferida. Cógela en tus brazos, apriétala muy fuerte y repite la fórmula mágica. Ahora viene algo muy importante: cuando hayas terminado con la fórmula mágica, piensa en algo bonito o divertido. Por ejemplo, puedes imaginarte los ojos tan simpáticos que tiene tu osito o lo suave que es tu peluche. O piensa en cómo vas a jugar con él a la mañana siguiente. Sólo tienes que abrazar a tu juguete preferido e imaginarte muy bien las cosas bonitas.

Si los pensamientos tontos siguen sin querer dejarte en paz y siguen dándote miedo, intenta repetir todo desde el principio y verás cómo enseguida empiezas a sentirte mejor y más segura. Si la fórmula mágica te ha dado buenos resultados, cuéntaselo a tus padres al día siguiente para que ellos también puedan alegrarse de tus progresos mágicos.

Consejos a los padres

Si tu hijo ha tenido pesadillas o tiene miedo, necesita cariño y atención. Comportarse correctamente en una situación así, precisa, sin embargo, una sensibilidad especial por parte de los padres. Dado que toda forma de atención refuerza la conducta del niño, una reacción equivocada de los padres puede crear una inseguridad mayor y aumentar los miedos. La reacción siguiente es un ejemplo típico de reforzador: "¿Qué es lo que te pasa?¿De qué tienes miedo? No tienes que tener miedo, papá y mamá están aquí, así que tranquilízate. Aquí no hay nadie que quiera hacerte daño. Venga, aquí no ha pasado nada y ahora vuélvete a dormir".

El niño se tranquilizará por poco tiempo o exigirá a sus padres que se queden con él en su habitación. La mayoría de estas escenas suelen acabar, sin embargo, en que el niño se va a dormir a la cama de sus padres. En este caso, se corre el riesgo de que el niño quiera repetir esta agradable sensación y convierta en una costumbre el dormir con sus padres. Por otro lado, los padres están reforzando la reacción de miedo del niño al limitarse a observar la conducta y no ofrecerle una verdadera ayuda.

Lo correcto sería:

— Tratar abiertamente la sensación del niño, aceptar su miedo como hecho.
— Darle seguridad.
— Conducir al niño a pensamientos agradables.
— Ofrecer posibles soluciones y motivar al niño a que las ponga en práctica.
— Premiar los resultados en forma de atención.

En una conversación se podría plasmar de la forma siguiente: "Tienes miedo porque has tenido pesadillas. Te comprendo perfectamente, porque es muy desagradable tener miedo. ¿Sabes una cosa? Te voy a ayudar a apartar rápidamente ese miedo tonto. Lo vamos a intentar juntos y estoy segura de que lo vamos a conseguir. Tú sabes que nosotros siempre estamos cerca y cuidamos de ti. ¿Te acuerdas de lo que Claudia hizo en el cuento que te he contado? A ver, ¿cuál es tu juguete preferido? Ven, vamos a buscarlo. Aquí está, cógelo y abrázalo fuerte. Haz todo lo que hace Claudia en el cuento. Te lo voy a repetir otra vez paso a paso. Dentro de un ratito, voy a volver varias veces a tu cuarto y me voy a quedar un poquito contigo para ver lo bien que has aprendido ya a echar al miedo de tu cuarto. Y si no te has dormido todavía, me tienes que contar qué progresos has hecho. Tengo mucha curiosidad por saber cómo va a salir todo. Mañana por la mañana, nada más levantarte, charlamos juntas otra vez de todo, ¿de acuerdo?".

El apretar o abrazar el juguete o el muñeco preferido, confiere al niño una cierta seguridad y le facilita el imaginarse situaciones agradables. Por otro lado, le servirá de ayuda el saber que sus padres están cerca, aunque no se encuentren en su habitación. La concentración agradable en el muñeco preferido hace que el miedo desaparezca más facilmente. La "fórmula mágica" y la motivación de los padres ayudan al niño a tener la confianza en que todo salga bien.

Si a pesar de todos estos intentos, el niño sigue sin tranquilizarse, no insista en seguir aplicando este programa. Deje la luz encendida en su cuarto y la puerta abierta. Si esto tampoco sirve de nada, permita al niño, excepcionalmente, que duerma con ustedes en la cama. Este tipo de ayuda debe suprimirse lo antes posible.

Si su hijo tiene miedo a los perros

EL VIAJE FANTASTICO DE MARTIN AL REINO DE LOS PERROS ENANOS

Los padres de Martín están prácticamente siempre fuera de casa durante el día, porque los dos tienen que ir a trabajar. Por eso, Martín pasa mucho tiempo en casa de su abuela, a la que quiere mucho.

Martín es un muchacho despierto y travieso. Su abuelita siempre tiene que estar recordándole que tenga cuidado. Todo tiene que pasar por sus manos y ser examinado inmediatamente. Es decir, Martín no tiene nada absolutamente de cobarde y, sin embargo, sí que tiene miedo de algo: tiene miedo de los perros. De los grandes, de los pequeños, de los negros, de los blancos: cuando ve un perro sale corriendo asustado.

Este miedo lleva ya algún tiempo acompañándole a todas partes y la verdad es que no logra recordar cómo empezó todo. Antes, Martín acariciaba a cualquier animalito que se encontraba. Sus padres le advertían constantemente: "No se deben tocar animales extraños. Como no te conocen, podrían asustarse y hacerte daño para defenderse". Martín tampoco tomaba en serio a su abuela que siempre se preocupaba demasiado por todo: "¡Martín, deja a ese animal en paz, que te va a morder en cuanto te descuides!". La abuela siempre había tenido miedo de los animales.

Un buen día, cuando Martín iba dando un paseo con su

abuelita, vio un perro tumbado delante de una tienda de ultra-marinos. El perro estaba esperando tranquilamente a que saliera su amo. Martín se fue acercando por detrás, porque quería acariciarle, pero el perro se llevó un susto enorme. Seguramente, pensó que alguien quería hacerle daño y atrapó al vuelo la mano de Martín. El susto fue tan grande que Martín hasta se olvidó de llorar. Su abuela estaba horrorizada. Salió disparada hacia donde estaba Martín, le estrechó contra su pecho, acariciándole y besándole. Entonces fue cuando Martín empezó a llorar amargamente, aunque en la mano apenas si se podían ver algunos arañazos. La pobre abuela no pudo tranquilizarse en todo el camino de regreso y no hacía otra cosa que examinar los rasguños y observarlos por si acaso habían empezado a sangrar. Desde aquel día, la abuela no pierde de vista a Martín ni un momento y Martín tampoco consigue olvidar su miedo a los perros.

Martín tiene un buen amigo que se llama Klaus. Sus padres le dejarían con toda seguridad ir a jugar solo con Klaus en más de una ocasión, pero Martín no quiere oír hablar del tema. La explicación es muy sencilla: Klaus tiene un perro enorme, al que quiere por encima de todo, que le acompaña a todas partes. Y, además, para colmo, este perro, o mejor dicho perra, está a punto de tener perritos. Martín no quiere saber nada del asunto, a pesar de que Klaus ya le ha prometido uno de los cachorros. El problema es que Martín no quiere recono-cer por nada del mundo que se asusta de los perros porque no tiene ganas de que su amigo se ría de él.

"¿Qué puedo hacer para que Klaus juegue más a menudo conmigo, sin que nos acompañe su perro? Cómo me gustaría no tener miedo a los perros. ¡Este miedo tonto no termina de marcharse y no me deja en paz!", piensa Martín una noche antes de quedarse dormido, entre preocupado y un poco enfa-dado consigo mismo.

Esa noche tiene un sueño muy especial. Está sentado en

una enorme nave espacial que vuela sobre ríos de aguas torrenciales, grandiosas montañas, sobre maravillosos valles y que cada vez se va alejando más y más de la tierra. A su paso quedan infinidad de estrellas. A veces hace calor y otras un frío estremecedor según a la distancia que pasa de las estrellas. Por fin, Martín aterriza en un pequeño planeta, justo en medio de una montaña. La montaña está despoblada, sin árboles o arbustos a la vista. Las piernas le pesan como si fueran de plomo, casi no puede caminar. Martín piensa en ayudarse con la nave, pero cuando se da la vuelta, ¡Horror!, la nave ha desaparecido. "¿Qué voy a hacer ahora sin la nave y con este frío tan terrible?", piensa desesperado. Entonces, descubre la entrada a una cueva oscura. En un último esfuerzo, agotando las pocas fuerzas que le quedan, se arrastra hasta la misteriosa cueva.

Apenas ha puesto los pies en ella, ya se siente mucho más ligero y, sin embargo, no las tiene todas consigo. De repente llega hasta sus oídos una hermosa melodía. Suena como si miles de mosquitos estuvieran celebrando una fiesta. Preso de curiosidad, sigue andando hasta llegar al final de la cueva. Un sol radiante inunda todo de luz.

Martín necesita algunos minutos hasta que sus ojos se acostumbran a la claridad. Ante ellos aparecen suaves colinas con verdes prados. "¡Esto es precioso!", exclama Martín maravillado. "Sin nieve ni frío, todo cálido y en paz. Pero, ¿de dónde viene la música? ¿Qué es esto?" Entre la hierba, algo bulle hormigueando. Escarabajos no pueden ser, pero, ¿qué son entonces? Estas cosas hormigueantes parecen hombrecillos, pero ¡son como enanos enanísimos!

Las exclamaciones de Martín hacen que la música se pare inmediatamente y los enanitos hormigueantes salen corriendo para esconderse. "¡No tengáis miedo! ¡No voy a haceros nada!", grita Martín. "¿Quienes sois? Me gustaría ser vuestro amigo. ¡Venga, venid aquí!". Poco a poco, los pequeños hombrecillos van apareciendo de nuevo. Uno de ellos, probablemente el más atrevido de todos, empieza a hablar con voz tierna: "¡Si es verdad que no quieres hacernos nada, sé bienvenido aquí como amigo! Estás en el reino de los hombrecillos enanos enanitos. Somos los habitantes planetarios más pequeños que existen. Seguro que estás muerto de hambre. Considérate nuestro invitado. Las enanas enanitas te traerán comida. Cientos de enanos enanitos tiran y tiran de una cuerda diminuta diminutísima, de cuyo extremo cuelga una apetitosa manzana roja. Martín está verdaderamente hambriento y se alegra de poder comer la manzana, pero siente que por su culpa los enanos enanitos tengan que molestarse tanto.

"¿Anda, pero qué es eso?", pregunta Martín, cuando ante sus ojos empiezan a saltar diminutísimos animalitos. "Estos son nuestros amigos y protectores más fieles. Son perros enanos enanitos. Te tienen cariño, lo que significa que eres un niño humano bueno", le dicen los enanos enanitos. Los perros enanos enanitos colean alegres con sus rabitos enanos enanitos y lamen amistosamente la mano de Martín con su lengua rosada enana enanita. Martín se olvida por completo de que normalmente se asusta de los perros. "Esto es otra cosa. ¡Son tan pequeñitos!".

Aunque a Martín le encanta estar con los hombrecillos enanos enanitos y lo que más le gustaría sería seguir jugando con los perros enanos enanitos, no quiere abusar de su amabilidad y decide seguir su camino.

De repente, se encuentra ante una ciudad, pero es una ciudad tan pequeñísima que podría caber dentro de su habitación. Martín descubre gente pequeñísima que pasea por las calles. "Son un poco más grandes que los enanos enanitos, pero siguen siendo diminutos", piensa Martín. Entonces, descubre un letrero a la entrada de la ciudad que dice: "Ciudad Enanita". "Seguro que aquí viven los hombrecillos enanos", piensa Martín con acierto.

En ese momento salta una pequeña madeja de lana hacia él. Cuando Martín la observa más detenidamente, se da cuenta de que se trata de un perrito diminuto. Un hociquito diminuto asoma de la madeja y unos ojitos marrones y luminosos parpadean con cariño a Martín. "¡Qué mono eres!", le dice Martín. "Tú seguro que no me muerdes". Martín coge al perrito de los enanos, lo levanta del suelo despacio para no asustarlo con un movimiento demasiado brusco y lo pone sobre la palma de la mano. Imaginaros lo pequeñísimo que es: cabe en la palma de su mano.

El perrito enanito saca la lengua rosada y empieza a lamer con cariño a Martín. Martín tiene que reírse: "¡Para ya, me haces cosquillas! Ji, ji, ji, que cosquillas me haces. Eres un perrito tan precioso que me encantaría llevarte conmigo. En la tierra todos pensarían que eres un hámster. Desgraciadamente tengo que dejarte aquí". Martín vuelve a poner al perrito en el suelo con muchísimo cuidado. Cada vez son más los perritos curiosos que se han ido acercando a ver lo que sucede. Olfatean al niño humano, sin poder evitar sentir un poco de miedo, porque para ellos Martín es casi como un gigante. Martín les habla muy bajito y suave para no asustarlos. Con mucho cuidado, les acaricia una vez más antes de despedirse. Cuando se marcha empieza a pensar: "¡Qué extraño, me tenían miedo a mí cuando normalmente es al contrario! O, ¿puede ser quizá que también los perros grandes se hayan asustado porque no me esperaban? Los perritos enanos son mayores que los perros enanos enanitos y, sin embargo, no he tenido miedo".

Andando, andando, colina tras colina, escucha, de repente, un ladrido. Martín se pega un susto enorme y quiere salir corriendo como siempre, pero se da cuenta de que sólo hay un camino y tiene que seguir por él. A bastantes metros de distancia, descubre un perro parado en el camino. Es muchísimo mayor que los perros enanos enanitos, mayor que los perritos enanos pero sigue siendo mucho más pequeño que los perros normales en la tierra. Cuanto más se aproxima al perrito, más siente cómo le entra un poco de miedo. Poco a poco va disminuyendo el paso y cuando casi hubiera preferido no seguir andando, empieza a recordar su precioso viaje por el país enano enanito y luego por el país enanito, y piensa: "¡Tendría gracia si después de no haber tenido miedo de los perros enanos enanitos, ni siquiera de los perros enanitos, me fuera a asustar ahora de este perro pequeño! No es diferente de los perros enanos enanitos ni de los perritos enanos. Un perro es un perro". Y el valiente Martín prosigue su camino.

Entonces un hombrecillo mucho mayor que los enanos enanitos y mayor que los enanitos, pero mucho más pequeño que los hombres normales en la tierra, empieza a llamar al perro: "¡Cesar, deja ya de ladrar, ya me has informado maravillosamente que un extraño se aproxima a nuestra ciudad!" Y volviéndose a Martín, le dice: "Has pasado por el país enano enanito, después por el país enanito, ahora, bienvenido seas al país de los enanos. Este es mi perro, Cesar. Es nuestro mejor vigilante. Estamos muy orgullosos de él, es nuestra mejor ayuda. Es un perro bueno que no hace daño a nadie si no se le molesta. Como no sabe hablar nuestra lengua, se ve obligado a ladrar para comunicarnos las cosas. Los ladridos que te han asustado tanto son la lengua de los perros. ¿Me harías el honor de ser hoy mi invitado?" Martín acepta encantado y, además, ya no tiene miedo del perrito enano, que colea alegre a su lado.

La casita del enano es una monada y muy acogedora. Para que te hagas una idea, te diré que es casi igual que la casa de los siete enanitos en el cuento de Blancanieves. La mujercita enana está cocinando algo que despide un olor delicioso. Martín recibe una ración especialmente grande, pero aparta un trocito de carne hasta el final. Se lo quiere dar a Cesar de despedida. "¡Muchas gracias por vuestra hospitalidad! Ahora debo seguir mi camino, si no mis padres se van a preocupar", se despide Martín después de comer. "¡No te olvides de tus amigos en el país de los enanos!", se despiden el enano y la enanita, mientras que el perro enano le ladra su adiós, a su manera. Martín siente un cosquilleo y un hormigueo debajo de las piernas y, mira por donde, otra vez está sentado en la nave espacial camino de la tierra. Vuela y vuela y ¡Uy!, se ha caído de la cama. "¡Qué sueño tan bonito! Es una pena que no haya jugado de verdad con esos perritos tan lindos", piensa Martín antes de volverse a dormir.

Al día siguiente queda con su amigo Klaus. "Mira, Martín", le dice, "¿no es precioso?". Martín se va acercando y ve que su amigo tiene en los brazos a un cachorrito. Entonces, recuerda su sueño y ya no siente miedo. Acaricia al perrito e incluso pide a Klaus que le deje cogerlo en brazos. El cachorro es suave y delicado. Quiere mordisquear los dedos de Martín con sus dientecitos afilados y, aunque pinchan un poco, a Martín no le molesta nada en absoluto.

"¿No quieres venir a mi casa? Así te enseño los demás cachorritos que están en el cesto con su mamá perra", le pregunta Klaus. Martín duda un poco: "¿Y ahora tengo que ver al perro grande? Bueno, ¡qué más da! El perro grande no es diferente de los perros enanos enanitos, de los perritos enanos, del perro enano o del cachorro. Sólo es un poco más grande, eso es todo. De acuerdo, voy con él". Y, efectivamente, cuando llega a donde están los demás perros, ya casi no tiene miedo. Contempla a los perritos desde lejos, ya que aún no se siente del todo seguro con el perro grande, pero su amigo Klaus no se da cuenta.

"Seguro que perderé también este poquito de miedo que me queda. Nadie me dice que tengo que tocarlo y, además, no se debe tocar a los perros que no conoces. Bueno, de cualquier forma, ya no tengo porqué evitar el venir a casa de Klaus por culpa de mi miedo a los perros", piensa Martín satisfecho.

¿También tú tienes miedo de los perros? Si es así, haz como Martín. Seguro que eres igual de valiente que él. Imagínate a tus graciosos perros enanos enanitos y a tus perritos enanos y siempre que te entre miedo, acuérdate de ellos y verás que tu miedo es tan pequeño como los perritos del sueño.

Consejos a los padres

Estos miedos y otros similares pueden desencadenarse por un shock, por sucesivas experiencias negativas acumuladas o por el miedo a una persona que ejerce de modelo. En nuestra historia, Martín ha sufrido un pequeño shock, que habría superado poco después si su abuela se hubiera limitado a describir la situación y a interpretar sus sentimientos con voz serena y segura: "Ahora sí que te has asustado, ¿verdad? Seguro que te molestan y te escuecen un poco los arañazos de la mano. Cuando lleguemos a casa te pongo una tirita si te siguen molestando. ¿Sabes? El perro también se ha llevado un susto enorme."

Ningún niño olvida con facilidad una experiencia tan desagradable y, por eso, la próxima vez que vea un perro, mostrará automáticamente una reacción de defensa y miedo. En este caso, sería equivocado reaccionar verbalmente, pero dele a entender claramente (apretándole la mano, por ejemplo) que no está solo y que no le va a pasar nada. Inmediatamente después de haber pasado por delante del perro, tranquilice al niño: "Has sido muy valiente. Al principio te has asustado un poquito, porque te has acordado del otro perro pero, como ves, los perros no hacen nada si se les deja tranquilos."

La cuestión se complica en el caso de que el miedo a los perros ya esté muy arraigado. El método descrito en el cuento es perfectamente practicable. En lugar del perro enano enanito, puede utilizar, por ejemplo, la fotografía de un perrito y enseñársela desde lejos, antes de confrontar al niño con un perro de verdad. El niño deberá acercarse cada vez más hacia el cuadro. Cada paso tiene que ser aplaudido en forma de elogios. Si le entra miedo puede retroceder un paso hacia atrás. Repita este proceso hasta que el niño llegue a coger la fotografía sin miedo. A continuación, utilice fotos de perros cada vez más grandes. La misma forma de aproximación se utilizará finalmente con un perrito de peluche o un juguete mecánico que se mueva y ladre. Elogie y anime al niño conforme a los progresos que haga.

El ejercicio siguiente, para casos en que el miedo a los perros no esté todavía demasiado afianzado, puede utilizarse también como primer ejercicio y consiste en llevar a su hijo a una tienda donde vendan cachorros muy pequeños. También aquí debe intentarse que el niño se vaya acercando poco a poco al cachorro hasta que no le importe acariciarle.

Antes de enfrentar al niño de la misma forma con perros mayores, deberá charlar con él abiertamente de los progresos conseguidos. El niño puede utilizar como ayuda el concentrarse en la historia de Martín y los perros enanos enanitos. Durante los ejercicios puede que sea conveniente contarle la historia varias veces. Los ejercicios se repiten hasta que el niño consiga pasar por delante de perros grandes sin reaccionar con miedo.

Un programa parecido se utiliza en el tratamiento de otros miedos. No se olvide, en cualquier caso, de aclarar las causas del miedo antes de comenzar con cualquier entrenamiento psicológico.

Si su hijo tiene miedo del dentista

LA SIRENITA

Erase una vez una sirenita que vivía en las profundidades del mar, en un maravilloso palacio de coral con un enorme jardín alpino. Los animales marinos la querían mucho porque era una sirena buena que siempre ayudaba a todos y nunca hacía mal a nadie.

Seguramente pensarás que era una sirena feliz al tener tantos amigos y vivir en un palacio tan bonito pero, desgraciadamente no era así. Nuestra sirena era una sirena desgraciada precisamente porque no quería ser sirena. Su deseo más ardiente era convertirse en un niño humano y lo deseaba con tanta fuerza que sus gemidos se podían oir a muchísima distancia por encima de las olas. Todos los animales marinos tenían compasión por ella. El pulpo, el erizo de mar, la medusa, la enorme ballena, los inteligentes delfines e incluso el tiburón comilón, todos sin excepción querían ayudarla.

Un buen día, cuando una vez más, la sirenita se deshacía en amargas lágrimas, se le apareció el mensajero de un hada buena y le dijo: "Tres deseos puedes pedir y se te cumplirán, pero piénsatelos bien porque después no puedes volverte atrás." "No necesito pensar mucho. Desde hace años no deseo otra cosa que convertirme en un niño humano. Así que ahí va mi primer deseo: quiero tener dos piernas y convertirme en un niño de verdad. Mi segundo deseo: quiero vivir muy lejos del mar para que no me entre añoranza y quiera volver a sus profundidades. Mi último deseo es que los humanos me quieran tanto como aquí los animalitos marinos."

"¡Que tus deseos se hagan realidad! Aunque yo pienso que deberías haber deseado salud. La salud es el tesoro más preciado en la tierra. De todas formas, te deseo buena suerte. Sé tan buen ser humano como sirena has sido." Y el mensajero desapareció.

De repente, les invadió un ruido ensordecedor con bramidos y zumbidos, truenos y silbidos y todo se volvió oscuro. La sirena ni siquiera tuvo tiempo de despedirse de sus amigos, los animales marinos, porque antes de que se diera cuenta, estaba sentada en una casa pequeña, a las afueras de la ciudad. "¡Qué bien se está aquí!", exclamó, "y ¡qué rápido se ha cumplido mi deseo! Cómo me gusta ser un ser humano." Y como, además, era muy inteligente, aprendió rapidamente los usos y costumbres de los hombres y, de esta forma, se cumplió pronto el tercer deseo. La preciosa muchacha desconocida era querida por todos y diariamente venían amigos a visitarla.

Una noche, la sirena tenía unos dolores terribles. Le dolían las muelas. Nunca hasta ahora había tenido alguna clase de dolores. Estaba completamente desesperada: "¡Oh! ¿Por qué se me ocurriría dejar de ser sirena? Ser humano está muy bien, pero sólo cuando se tiene salud. ¡Ay!¡Ay! ¿Por qué no me habré quedado en el fondo del mar siendo una sirena? ¡Ay, qué dolor tan grande!" Por fin, agotada, se quedó dormida.

A la mañana siguiente los dolores habían desaparecido. La sirenita le contó a su amiga Cristina los dolores de muelas tan fuertes que había tenido la noche anterior. "Tienes que ir al dentista aunque te haya dejado de doler, porque si no, después tendrás unos dolores muchísimo más terribles", le aconsejó Cristina. "¿Cómo has dicho? ¿Qué debo ir al dentista? No me atrevería nunca", respondió pálida la sirenita. "Además no tengo ni idea de qué es lo que sucede en el dentista".

Claro que no podía imaginárselo, porque una sirena no necesita nunca ir al dentista.

"¿Sabes una cosa? Vamos a jugar a los dentistas", propuso Cristina, "así te acostumbras a la idea de que un dentista te trate y perderás el miedo tan grande que tienes. Todo lo que nos resulta familiar no nos parece tan terrible. Venga, vamos a representar todo tal y como sucede de verdad."

"Ya me entra miedo sólo de pensar que debo ponerme en camino hacia el dentista. Y luego, encima, tenerme que sentar en ese sillón y abrir mucho la boca... ¡Oh no, no! Yo quiero volver al mar, ¿por qué no seguiría siendo una sirena con lo bien que estaba?

"¡Qué cobarde eres! Bueno, yo también estoy un poco nerviosa cuando tengo que ir al dentista, ya sé que no es nada divertido, pero tampoco es tan terrible como para tener el miedo que tienes tú. Venga, vamos a empezar a jugar a los dentistas. Siéntate en ese sillón, échate hacia atrás y piensa en algo que te guste mucho, por ejemplo, en el juego que te parezca más divertido, o piensa en personas a las que quieras." "¡Sí, eso me gusta! Voy a imaginarme cosas divertidas", exclamó alegre la sirenita. "Bien, y ahora imagínate que vamos al dentista. Si te entra miedo, mírame e intenta rapidamente pensar otra vez en las cosas divertidas. "Rrrr", se estremeció la sirena. "Sólo la idea me hace temblar de frío." Su amiga le sonrió: "No te preocupes, ya te acostumbrarás. ¡Venga, vamos a intentarlo otra vez!" Esta vez, a la sirenita le resultó más fácil pensar en la visita al dentista. Y a la tercera ya no le importaba nada en absoluto.

Los pasos siguientes como, por ejemplo, imaginarse cómo tocan a la puerta del dentista, entran en la sala de espera y después en la consulta, tampoco le causaron demasiadas dificultades.

53

"Ahora abre la boca. Yo imito el ruido el ruido del torno". "¡Ay, que dolor!", gritó la sirena abriendo muy asustada los ojos. "Piensa que es el zumbido de muchísimas moscas, o que es una motocicleta que se pone en marcha. Así el ruido no te parecerá tan desagradable. Venga, ¡aquí llegan las moscas volando...! ¡Estupendo! Lo has aguantado muy bien."

Con esto y con todo, la sirenita todavía estaba algo asustada con el juego, pero después de repetirlo varias veces, la idea de que una motocicleta se metía por su boca, hasta empezó a resultarle divertida.

"Vale, y ahora seguimos jugando a los dentistas", dijo Cristina. "A veces puede doler un poco en el dentista, pero los dolores de muelas que tuviste ayer por la noche son muchísimo peores. ¡Atención, la motocicleta se pasea por tu muela! Sólo un poquito más y ya ha pasado todo. ¡Bien! ¡Bien! Has sido muy valiente y ¿sabes una cosa? Esta misma tarde tengo que ir al dentista. Si quieres puedes venir conmigo y ver cómo es todo antes de ir tu sola."

De esta forma, las dos amigas se pusieron en camino para ir al dentista. La enfermera les preguntó su nombre y pidió que tomaran asiento en la sala de espera. La sirenita observaba a su alrededor pensando. "¡Qué raro, no es tan terrible como pensaba. Incluso tienen revistas de colores." Y empezó a mirar las fotos de una bonita revista, olvidándose completamente que estaba en la consulta de un dentista.

De pronto se abrió una puerta y la doctora pronunció el nombre de su amiga. Cristina preguntó a la dentista si la sirenita podría, excepcionalmente, entrar con ella para ver qué pasaba. Había muchos aparatos y, en el centro, un sillón. Su amiga tomó asiento y abrió la boca todo lo que podía. La doctora empezó a golpear diente por diente hasta encontrar al causante de los dolores. "¡Aquí tenemos al bandido!", dijo bromeando y cogiendo el torno con la otra mano. La enfermera colocó un tubito en la boca de Cristina. "Es un tubo para aspirar la saliva", le explicó a la sirena. El ruido del torno era verdaderamente molesto, pero la sirenita se acordó del juego de los dentistas y no pudo evitar sonreir divertida. De vez en cuando se notaba que Cristina lo estaba pasando mal, pero antes que empezara a doler de verdad, ya se había pasado todo. Al final, una pasta gris plateada cubrió el agujerito del diente. "¡Enjuagate y no muerdas nada durante las próximas dos horas! ¡Adios!", se despidió la doctora.

"¡Qué rápido ha sido!", exclamó Cristina aliviada. "Ir al dentista no es divertido, pero tampoco hay que tenerle miedo." "Bueno, pero de todas formas, antes de ir yo sola quiero jugar otra vez contigo a los dentistas", dijo la sirenita.

Y cuando llegó el momento de ir al dentista, empezó a recordar el juego y a imaginarse cosas divertidas. Así no le resultó nada difícil ser valiente.

Y como ya no tenía más dolores de muelas, volvió otra vez a disfrutar de estar entre los humanos y ser uno de ellos.

Consejos a los padres

El miedo de su hijo a los médicos puede evitarse de antemano, si desde un principio le lleva consigo a la consulta para chequeos de rutina, nunca para tratamientos dolorosos. El niño debe estar acostumbrado a pisar la consulta de un médico sin miedo antes de acudir él mismo como paciente. De esta forma puede mostrarse al niño que, si bien no es un plato de gusto, es una cosa completamente normal que es parte de nuestra vida diaria. Si el niño muestra cierto recelo, pero aún no se trata de un miedo arraigado, no cometa el error de aumentar su inseguridad intentando tranquilizarle continuamente. El niño se da cuenta intuitivamente de que la visita al dentista es algo desagradable, incluso para los adultos, y como tarde en ese instante, empezará a sentir miedo. Háblele

abierta y tranquilamente cuando empiecen a surgir los primeros síntomas del miedo: "Tienes toda la razón, ir al dentista no
es nada agradable. El tener un poquito de miedo no significa
que se sea un cobarde. Yo me voy a quedar a tu lado y nos
miramos todo el tiempo, porque esto ayuda. Cuando el médico haya terminado, y ya verás como acaba antes de que te des
cuenta, nos vamos juntos a comprar una sorpresa." El miedo
del niño es aceptado como una realidad desviando, por otro
lado, su atención hacia cosas agradables.

Si se trata de un miedo ya muy arraigado en el niño (sur-
gido a partir de una mala experiencia o porque se trata de un
niño miedoso), se requerirá algo más de tiempo y paciencia
para superarlo. Cuanto más familiar le resulte una cosa al
niño, menos miedo despierta. El "juego de los dentistas" se
basa concretamente en este principio. Familiarizándose paso
a paso con la situación en estado relativamente relajado, el
niño aprende a vencer su miedo. Como en una película en la
que se corta después de cada escena, la visita al dentista se
divide en pequeñas etapas. Se comienza con la etapa que
resulte más sencilla y menos problemática para el niño. La
primera escena podría ser, por ejemplo, vestirse para salir. El
niño se imagina que se está vistiendo para ir al dentista. Si la
escena no despierta miedo alguno, se repite de nuevo el juego
hasta que se pueda jugar a la segunda escena, algo más difícil
que la primera. De esta forma, se van escalando los peldaños
y se elogia al niño por cada progreso para animarle y motivarle
a que siga practicando. El último paso es llevarlo de acompa-
ñante en una visita al dentista. Hasta ese momento, el miedo
tiene que haber sido vencido considerablemente.

Si su hijo remolonea

EL NIÑO DEL SOL

Macarena es una niña cariñosa y alegre. Su mamá estaría muy contenta con ella si no fuera por lo lenta que es siempre. "¡Macarena, ven a ponerte el abrigo!", la llama su madre impaciente. "Tenemos que salir". Macarena se levanta lentamente. Mientras va hacia el recibidor se le ocurren un montón de cosas. Por ejemplo que sería una buena idea llevarse algún muñeco, "pero, ¿cuál de ellos? ¿la muñeca Susi o el dormilón? No, mejor el perrito lanoso. No, tampoco. ¿Y si me llevo el mono chiquitín? ¿O el cochecito de juguete? Lo podría llevar en el bolsillo del abrigo." "¡Macarena, date prisa!", le advierte su madre. Macarena se decide por la maletita de juguete. "¿Quieres hacer el favor de ponerte el abrigo de una vez? ¿Por qué te pasas la vida remoloneando?", pregunta su madre ya casi enfadada.

Macarena empieza lentamente a arreglarse, no sin que su madre la advierta continuamente que se dé prisa. Al final, la madre pierde la paciencia y, como tiene mucha prisa, viste a Macarena ella misma. "¡Ni siquiera eres capaz de vestirte tú solita!", le dice enfadada. Aunque a Macarena no le gusta ver a su madre enfadada, está encantada de que la arregle para salir.

La comida transcurre de forma similar. "¡Macarena, come y deja de mirar a las musarañas! ¡Deja de jugar con el tenedor y come como es debido! ¿Porqué no puedes ser un poquito más rápida? Mira, los demás ya hemos terminado de comer hace un siglo y te estamos esperando. Ahora se te ha enfriado la carne y todo por lo "doña remolona" que eres", le dice la madre mientras le pone en la boca ásperamente los últimos trozos. "Con lo mayor que es y todavía hay que estar dándola de comer como a su hermana pequeña", se burla su padre. Pero a Macarena no le importa nada dejar de ser la mayor algunas veces y que la den de comer como a un bebé.

Un buen día va Macarena a pasear al parque. Se sienta en un banco y mira hacía el sol. En ese mismo instante, el sol envía a uno de sus infinitos niños luminosos hacía ella, aterrizando precisamente en su nariz.

"¡Achísss, ¿Qué es lo que me está haciendo esas cosquillas?", se sorprende Macarena. De repente, escucha un hilito de voz que le dice: "Soy un niño del sol y me gustaría jugar contigo." "¡Estupendo, dice Macarena, pero deja ya de saltar en mi nariz! ¡Tengo muchísimas cosquillas!"

"¡Ven, vamos a saltar por el campo! ¡Corre detrás de mí!", le grita el niño del sol y, antes de que Macarena se dé cuenta, ya ha saltado desde su nariz a un arbusto de lilas. Y del arbusto de lilas a una margarita, y de la margarita a un castaño y allí arriba, de una rama a otra. A Macarena le cuesta trabajo seguirle con la misma agilidad y acrobacia. El juego es tan divertido que ninguno se da cuenta de lo rápido que pasa el tiempo.

"Tenemos que terminar. Tengo que volver al sol", dice tristemente el niño del sol. "Por favor, quédate un poquito más conmigo", le pide Macarena. "¡Mira, allí está sentado el aburrido de Tomás, hazle cosquillas, por favor!"

El niño del sol pega un salto hasta la nariz de Tomás y de allí hasta su oreja, después a los mofletes y, por último, empieza a bailar sobre la punta de su nariz. Tomás piensa que se trata de una molesta mosca y empieza a pegar manotazos a diestro y siniestro. "¡Ay, que daño!", se le oye gritar y Macarena se ríe divertida.

Mientras que Macarena y el niño del sol siguen tramando nuevas travesuras, el sol desaparece detrás de las casas y la luna aparece en el cielo.

"¡Oh, qué horror!", grita el niño del sol. "Ahora ya no puedo regresar al sol. ¿Qué puedo hacer? ¿Dónde voy a pasar la noche?" "No te preocupes", dice Macarena. "Te vienes a mi casa y ya está."

La madre de Macarena ya ha empezado a preocuparse. Cuando, por fin, llama a la puerta, su madre la regaña y el niño del sol tiene el tiempo justo para colarse en la habitación de Macarena antes de que nadie le vea. Nadie debe notar su presencia.

Esa noche, Macarena se da muchísima prisa en hacer las cosas para poder estar con su amigo el solecito. Su madre cree que las prisas de Macarena se deben a sus remordimientos de conciencia por haber llegado tarde a casa.

Cuando Macarena llega por fin a su cuarto, se lleva un susto enorme. "¿Qué es lo que ha ocurrido? ¡Mi almohadón nuevo con la preciosa tela de flores tiene una enorme y horrible quemadura! ¡Y el peluche de mi osito está chamuscado! ¡La bañera de la muñeca casi se ha derretido y el libro de cuentos tiene un enorme agujero!" El solecito sale compungido de su escondite: "¡Perdóname, lo siento muchísimo, pero si me quedo mucho rato en el mismo sitio, empieza a calentarse cada vez más hasta que casi está ardiendo. Por eso, puede suceder que hasta queme cosas. He saltado tanto por el parque que ahora estoy cansadísimo. Necesito descansar, pero, ¿dónde? ¡Ay, qué triste estoy! ¡Yo no quiero quedarme aquí! Nunca jamás me ha pasado una cosa así por ser remolón! No tendría que haber jugado tanto rato contigo. ¡Quiero volver a casa! ¡Quiero volver al sol con los demás solecitos!" Y el solecito comenzó a llorar amargamente.

Macarena se compadece del solecito y, además, se siente un poco responsable de lo que ha pasado. Pero, entonces, tiene una brillante idea: "¡El horno! ¡Si, eso es, en el horno puedes dormir sin causar desperfectos! "¿Cómo? ¿Que yo me debo meter en ese oscuro agujero?", exclama el solecito desesperado. "Si, por favor, tienes que hacerlo por mí y sólo por una noche. Mañana temprano puedes volver al parque con los demás solecitos. ¡Métete rápido!", pide Macarena, y así sucede finalmente.

A la mañana siguiente, cuando Macarena abre los ojos, el solecito ya ha desaparecido. Macarena se da mucha prisa para lavarse, vestirse y desayunar. Tiene miedo de que su madre descubra las quemaduras en su habitación, pero está tan sorprendida de la agilidad de Macarena que no se da cuenta de nada. Macarena se siente bien, olvida sus preocupaciones y está encantada de que su madre la elogie tanto.

Y ya casi hasta se había olvidado del solecito cuando, en el camino hacia el colegio, cuando pasaba por el parque, se apareció de nuevo sonriente: "Para que no estés enfadada conmigo por los estropicios que he causado en tu habitación y para que siempre te acuerdes de la tarde que pasamos juntos, te voy a hacer un regalo. Este regalo te va a ayudar también a no ser tan lenta y remolona. Es un reloj solar de juguete que sólo puedes ver tú. Para las demás personas es totalmente invisible . Siempre que te des prisa, el reloj empezará a iluminarse y, si has terminado rápido lo que tengas que hacer, brillará y tocará una música muy suave. Y ahora te deseo suerte ¡Adios! Tengo que marcharme."

"¡Adios, amigo solecito!", exclama Macarena, "¡Muchas gracias! ¡Estoy segura de que tu reloj solar me va a ser de gran ayuda!"

Macarena pasa un buen rato diciendo adios con la mano al solecito, pero después corre deprisa al colegio porque no quiere llegar tarde.

Macarena quiere probar su regalo durante la comida, nada más llegar a casa. Después de haber masticado bien el primer bocado y haberlo tragado rapidamente, pincha el siguiente con el tenedor y se lo mete en la boca.

¡Es verdad! El reloj solar empieza a iluminarse poco a poco. Macarena acaba de comer casi al mismo tiempo que sus padres y, entonces, el reloj empieza a brillar y a tocar una suave melodía. Macarena está entusiasmada.

Y sus padres, aunque no pueden ver el reloj, están encantados de que Macarena haya dejado de remolonear.

Esa tarde, la madre se dispone, como siempre, a advertir a Macarena que se dé prisa, deje de remolonear y se meta de una vez en la cama pero, "¿dónde está Macarena?", pregunta al padre sorprendida. "¡Estoy aquí!", contesta Macarena alegre, "¡Ya estoy metida en la cama!"

"¿Cómo? Nuestra Macarena se ha convertido en una niña estupenda", comentan entusiasmados sus padres. "Así nos queda tiempo suficiente para leerte una historia super larga."

Macarena está encantada. Antes de dormir, aprieta fuertemente el reloj contra su pecho y da las gracias en sus pensamientos al solecito por el maravilloso regalo.

Consejos a los padres

En la mayoría de los casos, esta conducta suele aparecer en el niño durante el tercer año y es causa de nervios y enfados en muchos padres. El niño aún no es flexible en su forma de pensar, es decir, no puede pasar tan rapidamente de un contenido de pensamiento a otro o de una actividad a otra.

Si los padres no saben tratar como es debido una conducta que, en un principio, es natural en esa fase de su desarrollo, el niño se acostumbrará a remolonear. Durante esta primera fase de desarrollo, no conviene exigir demasiado al niño pidiéndole que interrumpa repentinamente la actividad que está realizando para amoldarse a los deseos de los adultos. El niño reacciona con la lógica lentitud y los padres, entonces, cometen, por impaciencia, el segundo error: intentan convencer al niño, critican su lentitud y quieren estimularle a que se dé prisa. Muchos padres creen equivocadamente que con este modo de "atención" pueden cambiar la conducta del niño y, de hecho, lo que consiguen es todo lo contrario. No obstante, la mayor equivocación es hacerle las cosas al niño por nerviosismo de los adultos. Críticas como "Ni siquiera sabes vestirte sola" o "Tan mayor y hay que seguir dándola de comer", carecen de efecto alguno, ya que se ha recompensado ya al niño con un apoyo equivocado.

El programa de entrenamiento para hacer desaparecer la conducta remolona, comienza con el análisis del "estado real":

— ¿Cuánto tiempo necesita normalmente el niño para ciertas actividades como comer o vestirse?
— ¿Cómo se manifiesta la conducta remolona (se levanta de la mesa durante las comidas, mira a las musarañas, se entretiene con otras cosas....)?
— ¿Cómo reacciona usted ante dicha conducta (reprendiendo, de buenas maneras, con crítica, apoyándole, etc...)?

A continuación, se determina el "estado teórico", se define exactamente el comportamiento deseado, teniendo en cuenta en todo momento las facultades y posibilidades del niño. En nuestro programa se trata de ir conduciendo al niño del "estado real" al "estado teórico".

Antes de cada situación concreta se irá informando detenidamente al niño sobre los pasos que se van a realizar. El programa se definirá ante él como un juego y se le motivará para que tome parte en él.

La primera parte del tratamiento podría transcurrir de la forma siguiente: Con la ayuda de un despertador o un cronómetro, ponga el tiempo base empleado durante el "estado real" y explíqueselo al niño así: "¡Mira, normalmente has necesitado todo este tiempo para hacerlo. Me muero por saber si, con nuestra ayuda, vas a conseguir terminar antes de que suene el despertador. Tienes tiempo suficiente, sólo necesitas aligerar un poco, pero no tienes que correr. Yo voy a ir mirando de vez en cuando y gritaré "Bravo" si has adelantado un poquito. Si no adelantas nada, vuelvo otra vez la cabeza y no digo nada. Tengo muchas ganas de empezar a jugar, porque estoy segura que nos vamos a divertir mucho y que voy a gritar "bravo" muchas veces. Vamos a hacerlo como en el cuento. Los "bravos" son como las luces del reloj solar de Macarena."

Para el paso siguiente (poner algo menos de tiempo), se dan instrucciones similares. El tiempo programado en el despertador se va reduciendo en unos minutos cuando el niño domine con seguridad el paso realizado previamente, y así sucesivamente hasta que haya alcanzado el tiempo deseado. Cada progreso, por pequeño que sea, debe ser considerado y elogiado (la lentitud pasará desapercibida). Tras concluir cualquier actividad deberá manifestar al niño su alegría por el éxito de la "operación". Continúe aplicando el programa hasta que el niño haya dejado completamente de remolonear.

Si su hijo es desordenado

VERA EN EL PAIS DE LOS LIOS

La chaqueta está arrebujada encima del sillón, el saco de la gimnasia por el suelo, los zapatos están repartidos por el salón y los juguetes están rodando por encima de la cama, por el salón e incluso por la cocina.

"¡Haz el favor de ordenar de una vez!", le grita su madre enfadada. "¡Quita todas tus cosas de en medio! Ya hasta se tropieza uno con todo lo que tienes por ahí repartido. Ya tengo bastantes cosas que hacer. Este desorden no puede continuar. ¿Cuantas veces tengo que repetir las cosas? ¡Ten un poco de consideración!"

Vera no entiende muy bien lo que su madre quiere decir. Ordenar le resulta absurdo y aburrido. "¿Por qué tengo que ponerme a ordenar si, de todas formas, voy a volver pronto a necesitar las cosas? Esto no tiene ninguna gracia", piensa contrariada. "No tengo ganas de ordenar. Hay cosas mucho más importantes que hacer. ¡No quiero ser ordenada!" Y, cuando la casa empieza a parecer una leonera y la madre no aguanta más, se pone ella misma a ordenar los juguetes de Vera.

Un día que, como de costumbre, Vera no quiere ponerse a ordenar sus cosas, sucede algo verdaderamente curioso:

Vera escucha de repente una risita. "¡Ji, ji, ji!, Aquí hay alguien que piensa como nosotros. ¡Tu eres de los nuestros!

Vente a nuestro país de los líos donde todo está en desorden", la llama divertido un pequeño y deshilachado descosido. Los Descosidos son los habitantes terrestres más desordenados que existen. Viven en el país de los líos, un lugar tan bien escondido que ningún tren, barco o incluso avión podría encontrarlo.

Vera está encantada con la idea. "¿Hablas en serio? ¿De verdad que quieres llevarme a vuestro país de los líos? ¿De verdad que allí no hace falta mantener el orden, recoger las cosas y se puede dejar todo en el sitio que uno quiera?". "¡Por supuesto!", responde el descosido orgulloso. "Ven conmigo y podrás convencerte por ti misma." Vera no duda un momento porque ya está deseando conocer el país de los líos y, a más velocidad que el viento, vuelan los dos hacia el país de los Descosidos.

En el país de los líos no hay flores, ni parques para niños, ni siquiera semáforos. Sobre el césped están desparramadas latas vacias y, en vez de parques para niños, se ven unos montones de tierra con juguetes rotos. Los semáforos para el tráfico no se utilizan porque, de todas formas, cada coche cruza las calles cuando quiere y como quiere.

"¡Oye!", grita Descosido. "¡Ten cuidado! Tienes que mirar por donde vas!" Vera se da cuenta de que las aceras están llenas de trastos viejos. La gente ya no necesita estas cosas y tampoco las retira. Simplemente las dejan tiradas por cualquier sitio.

"Bueno, esta es mi casa", dice Descosido. Vera entra en la casa y ¡plaf! se cae de narices al suelo: "¡Ay, que daño! ¿Qué ha sido esto?" Se ha tropezado con una cazuela de guisantes que estampa en la escalera. Los guisantes salen rodando hasta llegar justo a los pies de Descosido. Con un movimiento de los pies, Descosido empieza a machacar los guisantes. "No pasa nada", dice, "comemos puré de guisantes y ya está. Por favor, ayúdame y ve a la cocina a buscar platos." Vera abre un arma-

66

rio pero, en vez de platos, descubre un zapato marrón, unos calzoncillos, un tubo de pasta de dientes vacio y un osito de peluche sin cabeza.

"¡Qué horror, que desorden tan terrible!", piensa Vera, pero como a ella tampoco le gusta ordenar, no dice nada y sigue buscando los platos. ¡Por fin! En la bañera, junto a cartas de una baraja, cuadernos arrugados y algunos coches de juguete, descubre dos platos sucios. "Así no puedo comer. Este desorden me da asco." Rápidamente, Vera recoge los trastos de la bañera y lava los platos, pero ¿dónde ponerlos? La mesa del comedor está llena de lápices de colores, hojas de dibujo, papeles de chicle y caramelos chupados sobre las piezas rotas de un puzzle. Sin pensárselo dos veces, Vera se pone rapidamente a ordenar la mesa.

"Eh, ¿qué estás haciendo, no sabes que en el país de los líos no hay que ordenar? Yo pensaba que esto te iba a gustar, puesto que a ti te disgusta tanto ordenar tus cosas", le dice el atónito Descosido. Algo avergonzada, contesta: "Bueno, ya, pero un desorden tan tremendo como este tampoco me gusta. Mis padres tienen todo muy bien ordenado. Yo era la única que no quería poner mis cosas en su sitio y, la mayoría de las veces, iba alguien detrás y lo recogía por mí. Yo era demasiado cómoda para hacerlo, pero aquí, en tu casa, con tanto desorden no se encuentra nada y todo está sucísimo." "¡Tonterías!", contesta enfadado Descosido, "ordenar es y seguirá siendo siempre aburrido. Hay cosas mucho más divertidas para pasar el tiempo y ahora vamos a comer rápido y nos ponemos a jugar de una vez."

Vera se olvida pronto de su casi recién adquirido amor por el orden. "Es verdad, tienes razón. No perdamos el tiempo con cosas para ordenar. ¿A que jugamos?" "Yo tengo un montón de casas de muñecas con las que podemos construir una ciudad, incluso con calles por las que pueden circular mis coches de juguete", propone Descosido. "Hummm, pero

¿dónde pueden estar las casas de muñecas? ¡Vera, ven y ayúdame a buscarlas!" Y los dos empiezan a buscar. Miran dentro del armario, revuelven todos los cajones, se arrastran por debajo de la cama, buscan en el trastero, pero nada. Aparte de unas piezas de puzzle, construcciones sueltas, páginas rotas de un libro de cuentos y ruedas de diferentes coches, no encuentran absolutamente nada. "¡Ah, qué bien! He encontrado un zapato marrón dentro de la cama", se alegra Descosido. Vera le responde furiosa: "El otro zapato lo encontrarás en el armario de la cocina, pero ¿y las casitas de muñecas? Claro, ¿cómo se va a poder encontrar algo en este desorden?"

Después de horas de búsqueda inútil, Vera está cansada y se le han pasado las ganas de jugar. No acaba de meterse en la cama cuando pega un salto hacia afuera. "¡Ay! Me ha pinchado algo." Descosido mira dentro de la cama y saca un tenedor. Vera está ya de muy mal humor y piensa enfadada: "¿De qué sirve no tener que ordenar si, de todas formas, no te queda tiempo para jugar porque no se encuentran las cosas? Y, además, en un desorden como este tampoco te puedes sentir a gusto. O te tropiezas con algo o te pinchas con un tenedor cuando te metes en la cama. Esto no me gusta nada en absoluto. Se me tiene que ocurrir una idea para que ordenar resulte más divertido y además no me haga perder tanto tiempo". Y con este propósito Vera se queda dormida en la sucia y arrugada cama.

Al día siguiente se le ocurre, de repente, la idea que necesita: "¡Despierta Descosido! Sé cómo podemos jugar y ordenar al mismo tiempo." Descosido se había tenido que tapar con el mantel, porque no había encontrado las sábanas. De almohada se había puesto el jersey. No ha dormido bien y gruñe: "¡Déjame de historias! En el país de los líos no existe el orden, no existe el ordenar y el organizar. Lo sabes de sobra." ¡Venga, levántate! Vamos a jugar a ordenar."

Descosido necesita bastante tiempo para vestirse, pues

cada prenda está repartida por un lugar distinto de la casa. Vera empieza a impacientarse: "Ahora te das cuenta del tiempo pierdes constantemente porque en este desorden es imposible encontrar lo que se está buscando. Con tanto buscar y buscar, nunca nos queda tiempo para jugar. Debo confesar que el país de los líos no me gusta nada. Es feo, desagradable y aburrido."

Descosido se siente un poco ofendido pero, en el fondo muy fondo, tiene que dar la razón a Vera. El ya se ha acostumbrado al desorden, pero reconoce que por su culpa casi nunca puede jugar como es debido porque los juguetes están rotos o no hay quien los encuentre. "Bueno, por mí... enséñame tu nuevo juego de ordenar."

Vera está muy contenta de que Descosido esté tan dispuesto a jugar con ella a este juego. "Bien, el juego funciona así: cada uno de nosotros empieza a recoger cosas que estén repartidas por la casa y las ponemos aquí juntas, en esta esquina. Primero empiezas tú a contar despacito de uno a veinte. Mientras tanto, yo tengo que intentar colocar en su sitio muchas cosas de esta montaña de trastos todo lo rápido que pueda. Después empiezo yo a contar de uno a veinte y tú tienes que empezar a ordenar a toda prisa. El que consiga colocar más cosas en su sitio es el vencedor."

A Descosido le encanta la idea: "Esto es una competición de verdad. Bueno, de acuerdo, primero vamos a empezar a reunir todas las cosas que están por ahí desordenadas. ¡Atención! ¡Preparados, listos, yaaa! Descosido y Vera se precipitan sobre la casa y en menos que canta un gallo han reunido una impresionante montaña de trastos y hasta encuentran las casas de muñecas que estaban buscando.

Y entonces viene la segunda etapa del juego.

Descosido empieza a contar: "1, 2, 3…"

Vera desea ganar y se da muchísima prisa en poner en su sitio la mayor cantidad de cosas posible.

La montaña ya ha disminuido considerablemente cuando Descosido grita: "¡20!" y cambian los papeles. Descosido es más lento que Vera. ¡Vera ha ganado!

"¡Qué bien! No sabía que ordenar fuera tan divertido. La próxima vez voy a ser yo el ganador. Hemos ordenado todo rapidísimo. Ahora tenemos tiempo para jugar a otras cosas", comenta satisfecho Descosido. "Vamos a jugar con las casas y las calles, como dijiste ayer. Ahora sabemos donde encontrar las cosas y podemos empezar inmediatamente", anima Vera a Descosido. Los dos amigos pasan un rato muy entretenido y después vuelven a colocar los juguetes en su sitio. "De esta forma están bien las cosas y no tienen por qué perderse o romperse y, además, no nos molestan si queremos jugar a otra cosa", opina Vera.

De vez en cuando, se vuelven a olvidar de poner las cosas en su sitio, pero entonces vuelven enseguida a jugar al juego de ordenar. "Nunca he jugado tanto como ahora en el país de los líos. Es estupendo ordenar. ¡Qué raro! Nunca lo hubiera pensado", se asombra Descosido.

Vera tiene que volver con sus padres y se alegra de abandonar de una vez el sucio país de los líos. Cuando está de vuelta en su ciudad, contempla encantada los parques llenos de flores y no "decorados" con latas vacias. Las plazas con columpios y toboganes están preciosas sin que estén rodando por el suelo juguetes rotos. Por las aceras puede pasear tranquilamente sin tener miedo a tropezarse con algún trasto. Cuando el semáforo está en verde, Vera puede cruzar segura la calle. "¡Qué sencillo es todo cuando existe un orden! Nunca hasta ahora me había dado cuenta", piensa Vera contenta.

En casa se siente en la gloria. ¡Qué extraño! De repente, Vera se siente a gusto en esta casa ordenada y les cuenta a sus padres lo horrible que es el país de los líos y el juego que inventó para ordenar con Descosido.

"Es una idea estupenda. Podemos jugar de vez en cuando", contestan sus padres. "Por supuesto que hay cosas que no se recogen inmediatamente. Un orden exagerado puede llegar a ser una pesadez, pero si dejáramos todo por ahí tirado, pronto nos convertiríamos en un pueblo de desorganizados. Tú misma te has dado cuenta de lo desagradable que puede ser el desorden. Por eso, por las tardes, podemos jugar de vez en cuando a la carrera de ordenar. ¿De acuerdo?"

"¡Fenomenal!", exclama Vera, "y ¿qué premio recibo si soy la ganadora? Sus padres sonríen: "Si todos nos esforzamos en mantener las cosas en orden, nos ahorramos tiempo unos a otros. Sobre todo mamá no tiene que ir detrás de nosotros ordenando. ¿Qué te parece si te leemos un cuento? ¿Te gustaría el premio?"

"¡Claro!", se alegra Vera. "Sé que voy a ganar muchas veces porque mi habitación ya va a estar ordenada y no voy a ir dejando las cosas por medio. ¡Brrr! Cuando pienso en el país de los líos, se me pone todavía la carne de gallina. No, no debemos nunca convertirnos en descosidos."

Consejos a los padres

Ordenar es algo que los niños no consideran en absoluto atractivo o natural. Muchos padres cometen el fallo de regañar continuamente a su hijo para que ordene sus cosas y terminar haciéndolo ellos. Por el contrario, deberían intentar presentar al niño el orden como algo atractivo y servir ellos mismos de modelo, lo que resultará imposible si ellos mismos tienden al descuido o despiertan la protesta en el niño con su ideal del orden exagerado.

El juego de ordenar propuesto en el relato tiene la finalidad de fomentar su sentido del orden y motivarle para que ordene. Paralelamente, aprende cual es la mejor forma de ordenar y cual es el sitio de cada cosa. Al principio conviene guiarle, después puede empezar a jugar solo, aunque es importante observarle siempre y elogiar cada progreso como corresponde. Por ejemplo, de la forma siguiente: "¡Estupendo! Esto ya parece otra cosa y seguro que cuando vuelva a venir, me sorprenderá lo bien ordenado que está todo."

Cuando el niño haya terminado de recoger todo, se volverá a expresar alegría por ello: "Me has ayudado muchísimo ordenando. Estoy contentísima de que mi niño ya sea una ayuda tan grande. Ahora tengo mucho menos trabajo porque no tengo que ir detrás de ti recogiendo. Y como has sido tan rápido, ahora nos queda tiempo para hacer algo juntos. ¿Quieres que te lea un cuento?"

Este juego no deberá prolongarse más de unos días. El niño se aburrirá pronto y el juego perderá rapidamente su encanto. A partir de aquí, se instruye al niño para que ordene por su cuenta. Lo ideal es inventar otro juego, por ejemplo, que ordene sin que usted lo sepa y le proporcione con ello una sorpresa. Usted le prometerá como premio pensar en otra sorpresa para él. Cuando aparezca el efecto de la costumbre, se reducirá el número de incentivos, empleándose en intervalos de tiempo mayores. Aun cuando el ordenar se haya convertido en rutina, es natural que, de vez en cuando, como sucede con los adultos, el niño no tenga ganas de ordenar. En este caso, conviene ser comprensivo e intentar motivar al niño de otra forma: "Comprendo que no siempre apetece ordenar. A mí me pasa también a veces. No siempre tengo ganas de ordenar y me cuesta trabajo superarlo. ¿Sabes una cosa? Tengo una idea. Mientras yo plancho, tú ordenas. Así, cuanto antes empecemos antes terminamos de hacer lo que no nos gusta y después podemos disfrutar juntos y hacer lo que nos apetezca."

El niño es instruido para adquirir rutina en recoger y mantener el orden por su cuenta. Un relajamiento en dicha conducta, si bien no debe pasarse por alto, tampoco es conveniente tratarlo con dureza.

Si su hijo miente

LA TORRE DE LA VERDAD

Catarina y Susana son hermanas gemelas. Nacieron el mismo día, son hijas de los mismos padres, viven en la misma casa y van al mismo curso. Tienen el mismo color de pelo, el mismo color de ojos y la misma estatura, pero su forma de ser es completamente distinta. Catarina es tímida y Susana, por el contrario, quiere ser siempre el centro de atención. Catarina se pone a llorar con facilidad y se asusta enseguida cuando la regañan o amenazan. Susana no le da demasiada importancia a las reprimendas.

Pero en una cosa sí que se parecen: ¡las dos hermanas mienten! Y como son tan diferentes en su forma de ser, cada una miente por un motivo distinto. Catarina miente por miedo. Si, por ejemplo, la profesora escribe una nota en el cuaderno de avisos para comunicar a su madre que ha faltado a clase sin motivo, Catarina cuenta en casa que ha olvidado el cuaderno. Si alguna vez rompe algo y su madre pregunta quién ha sido, Catarina contestará que no tiene la menor idea. Aunque Catarina suele salir airosa de muchas situaciones, a veces se han descubierto sus mentiras y, entonces, hay llantos y castigo de no ver la televisión.

Susana, por el contrario, quiere ser siempre el centro de atención y cree que sólo puede conseguirlo si inventa grandes proezas. Cuenta, por ejemplo, cómo un árbol estaba a punto de caer sobre una cabaña de madera y ella se apoyó con fuerza contra el árbol hasta que llegaron los hombres y lograron atarlo con sogas. Los habitantes de la cabaña, agradecidos, le regalaron un ciervo pequeño que, desgraciadamente, no se pudo llevar.

Después cuenta Susana que sabe tirarse desde una altura de 10 metros, que el programa para niños en televisión es tonto y aburrido y que la sesión de noche es mucho más interesante y ella siempre tiene permiso para verla.

Gracias a que Catarina es tan tímida, porque, si no, podría destapar perfectamente delante de sus compañeras de clase los enormes infundios de Susana. De todas formas, algunas compañeras ya se han dado cuenta por sí solas hace algún tiempo de que Susana cuenta trolas y han ido dándole de lado por embustera. Pero también están las compañeras que la admiran y esto, naturalmente, le encanta.

Casi me olvido de contar que nuestras gemelas vinieron al mundo un domingo y ya sabéis que ciertos niños nacidos en domingo ven y oyen cosas que permanecen ocultas para el resto de los seres humanos.

Un buen día, estando las dos hermanas tumbadas sobre el césped, Catarina exclamó de repente: "¡Mira que libélula tan bonita!". "Esto no puede ser una libélula, es un animal mucho más grande", contestó Susana. El insecto parecido a la libélula vuela precisamente en dirección a las dos hermanas. Y mira por donde que vista de cerca, resulta ser nada más y nada menos que una ninfa. Una pequeña y simpática ninfa.

"Os he visto alguna vez
y os conoce hasta mi pez.
Vengo de un país lejano
para deciros algo muy preciado
las mentiras tienen las patas muy cortas
por eso tenéis que apresuraros y

andar derechas hasta el palacio.
Allí está la torre de la verdad.
El camino no os lo puedo indicar
a los animales del bosque habréis de preguntar.

"¿Has oído eso?", pregunta Catarina nerviosa. "Debemos salir en busca de la Torre de la Verdad. Probablemente encontraremos la verdad allí. Pero, ¿que camino debemos seguir?" "La ninfa ha dicho que debemos preguntar a los animales del bosque", recuerda Susana. En ese mismo instante, pasa un ratoncito por allí y las dos hermanas le gritan: "Amigo ratón, dínos donde puede estar la Torre de la Verdad". "Soy demasiado pequeño para saber esas cosas. Pero seguro que el tordo lo sabe", pipia el ratón. Las hermanitas siguen caminando: "Amigo tordo, dinos donde puede estar la Torre de la Verdad". "Soy demasiado pequeño, no me preguntéis a mí, eso seguro que lo sabe el erizo", les dice el tordo y sale volando hacia el cielo. Las hermanitas buscan al erizo: "Amigo erizo, dinos donde puede estar la Torre de la Verdad". "Soy demasiado pequeño, no me preguntéis a mí, la liebre lo sabe seguro", gruñe el erizo y se enrolla formando una bola de púas. Las hermanitas siguen caminando: "Amiga liebre, dinos donde puede estar la Torre de la Verdad". "Soy demasiado pequeña, no me preguntéis a mí, eso seguro que lo sabe el pequeño corzo", responde la liebre pegando un salto. Las gemelas visitan al corzo: "Querido cervatillo, dinos donde puede estar la Torre de la Verdad". "No soy demasiado pequeño, pero no me preguntéis a mí. Esto seguro, segurísimo que lo sabe el ciervo". No pasa mucho tiempo hasta que encuentran al ciervo: "Amigo ciervo, ¿sabes tú dónde puede estar la Torre de la Verdad?". "Naturalmente que lo sé. No está lejos de aquí. Seguidme hasta el bosque encantado."

El ciervo sacude enérgicamente su cornamenta y se adelanta con paso majestuoso. Las gemelas tienen dificultades en seguirle pero, cuando el bosque comienza a espesarse, pueden sentarse sobre el lomo y, de esta forma, cabalgan un buen rato hasta que, de repente, se encuentran ante un maravilloso palacio. Allí despide el ciervo a las dos hermanitas y desaparece de nuevo en el bosque. Sorprendidas se dan cuenta de que el palacio tiene muchísimas torres. ¿Cual de ellas será la Torre de la Verdad? Algo vacilantes miran a su alrededor y entran en la primera torre.

Aquí todo reluce y destella, todo es de oro y hay trozos y barrotes de oro por todas partes. ¿Será esta la Torre de la Verdad? Las hermanas se agachan para coger un trozo de oro pero, no han hecho otra cosa que rozarlo, cuando se convierte en negrísimo carbón. "Esta no puede ser la Torre de la Verdad. Vamos a seguir buscando."

Así llegan a la siguiente torre. Aquí brillan y destellan miles de piedras preciosas pero, cuando las tocan, se deshacen en arena finísima. "Esta seguro que no es la Torre de la Verdad. Vamos a seguir buscando."

Y así van pasando de una torre a otra. La última torre es humilde y sencilla, construida en robusta madera. "Esta es la última torre pero ¿a esto le llaman la Torre de la Verdad? ¡Si aquí no hay nada! A lo mejor nos hemos equivocado de palacio." Decepcionadas, las dos hermanas se dan la vuelta para marcharse. De repente, escuchan una voz procedente de la torre de madera:

La verdad, queridas niñas, la
encontrareis sólo aquí.
La sencillez y la humildad significan
fortaleza y sólo así pueden llegar a
realizarse grandes hazañas.
Las mentiras tienen las patas muy cortas.
¡Probad con la verdad! Una persona es
valiente cuando va con la verdad por delante

sin temor a regañadientes.
Quien miente es un cobarde,
no olvidaros ni un instante.

A las gemelas les cuesta trabajo, en un principio, entender lo que quiere decir y durante mucho rato continuan dándole vueltas a la cabeza. Catarina es la primera en darse cuenta:
"Yo solo mentía porque tenía miedo a los castigos. Claro que
mamá no siempre se enteraba, pero si lo hacía, entonces se
ponía muy triste y no había nada que me librara del castigo. Si
hubiera sido valiente diciendo la verdad, seguro que mamá
me habría perdonado. En realidad, he sido muy cobarde."
Susana reconoce compungida: "Y yo pensaba que los demás
me iban a querer más si fantaseaba, pero lo único que he conseguido es ponerme en ridículo. Yo lo que quiero es que mis
compañeras me quieran como soy y quien no me quiera como
soy, es mejor que deje de ser mi amigo." Con un gran alivio, las
dos hermanas regresan a su casa.

Allí encuentran a su madre enfadada porque falta un
trozo de tarta para la merienda. Catarina se arma de valor y
dice: "He sido yo, mamá. Perdóname, por favor, la tarta tenía
una pinta tan rica que no he podido resistirlo. Debería haber
tenido más fuerza de voluntad." La madre se sorprende de esta
repentina sinceridad y, contenta por el cambio, dice: "Puede
pasar, pero la próxima vez es mejor que me preguntes antes."
Catarina respira aliviada y está orgullosa de haber conseguido decir la verdad.

Susana también hace progresos. Cuando sus compañeras de clase le preguntan cómo fue la película de la noche,
reconoce no haberla visto. Los niños piensan que seguramente habrá sido una de esas aburridas películas que sólo entien-
den los mayores y seguro que no se han perdido nada. Así se da
cuenta Susana de que no necesita de historias fantásticas o
grandes proezas para que sus compañeras la hagan caso.

Incluso hay compañeras que la quieren más ahora y, muy poco tiempo después, ya tiene un par de buenas amigas de verdad.

Consejos a los padres

Es conveniente diferenciar entre mentiras aparentes, es decir, la mezcla de fantasía y realidad o inventar (a partir de los 4 años) y las mentiras que el niño utiliza para acaparar la atención de su entorno o eludir consecuencias desagradables. Si se trata de un simple "fantasear", no hay motivo de preocupación de que el niño pierda el sentido de la realidad. Es necesario conceder al niño libertad para "inventar" ya que, en cierto modo, también supone un entrenamiento para el desarrollo posterior de la inteligencia.

Si la intención del niño es darse importancia mintiendo, aunque se trata más bien de exageraciones, es señal de que necesita una mayor atención, sea de sus padres o de sus compañeros. Es conveniente que los padres ignoren totalmente estas "presunciones" pero ayuden a su hijo, al mismo tiempo, a ganarse la atención por medio de otras formas de comportamiento.

Si, por el contrario, el niño miente intencionadamente con objeto de eludir un castigo o criticas, los padres deben primeramente observar exactamente su comportamiento y forma de reaccionar ante su hijo.

Si el niño ha olvidado algo, ha hecho alguna faena o roto algo, seguro que no ha sido con mala intención. Pero si diera esa sensación, también la mala intención tiene sus causas. Crítica o castigo carecen de sentido en dicho caso, puesto que no transforman la causa y sí hacen perder al niño la confianza en sí mismo, obligándole a mentir.

Lo más importante en la relación con el niño es ofrecerle confianza, lo que tampoco significa admitir cualquier tipo de comportamiento "a ciegas". Ofrecer confianza significa: "Te comprendo y te acepto. Sé que que tu intención no es causarme daño". Si se consigue ofrecer auténtica confianza, también se recibirá confianza. El niño por naturaleza no tiene motivo alguno para mentir.

Si pilla a su hijo en alguna mentira, observe primeramente la regla siguiente: ¡No le preste atención! No le regañe inmediatamente porque ha mentido, sino busque primero la causa del comportamiento.

Ejemplo: El niño ha pasado por alto una prohibición de los padres y ha roto algo. La primera reacción del niño es el sentido de culpabilidad porque sabe que debería haber sido obediente y, para colmo, ha sucedido este infortunio. Teme la crítica o el castigo de los padres y, por ello, se ayuda con una mentira.

Si se da cuenta que el niño está mintiendo, la reacción correcta sería la siguiente: "Tienes miedo a decir la verdad porque crees que me voy a enfadar contigo. Me da mucha pena que pienses así. El haber roto algo le puede pasar a cualquiera, ha sido mala suerte. Yo sólo estoy un poco decepcionada porque has desobedecido, pero tú sabes perfectamente que esto no está bien. No creo que seas un cobarde. Sólo los cobardes mienten. Me gustaría mucho ver cómo eres valiente y cuentas toda la verdad." El niño se siente aceptado y sabe, al mismo tiempo, que ha hecho una cosa mal. No es el percance o la mentira en sí lo que se censura (también los adultos rompen cosas sin querer), sino la conducta que ha conducido a tales reacciones. De esta forma se enseña al niño cómo comportarse en una situación desagradable sin tener que mentir o temer el enfado de sus padres.

Si su hijo dice palabrotas

DON IMPORTANTE

Guille ya no es ningún pequeñín y ha empezado hace poco a ir al colegio. Sin embargo, se comporta más bien como un bebé que imita o repite todo lo que hacen los demás niños o mayores.

Un día en que todos los niños están jugando en el patio del colegio, una niña grita una palabra a un chico mayor que ella. El muchacho se enfada, los demás niños no pueden contener la risa y el profesor, que ha oído la palabra por casualidad, está horrorizado.

Guille no tiene ni idea de lo que significa realmente esa palabra. Sólo se da cuenta de que tiene que tratarse de una palabra importante y eso le gusta. El también quiere aprender muchas de esas palabras para confundir a niños y mayores.

Desde entonces, Guille presta mucha atención cuando se encuentra en algún sitio donde haya muchos niños o en la calle, para aprender esas palabras tan interesantes y repetirlas después.

Una vez, tiene que esperar en un cruce. De repente, un peatón cruza la calle sin mirar si vienen coches. Un conductor se ve obligado a pegar un violento frenazo para no atropellarle. Baja la ventanilla y grita al peatón la misma palabra que Guille aprendió hace poco en el patio del colegio. La gente que está presente reacciona igual que el profesor del colegio. "El conductor se podía haber ahorrado la palabrota, aunque el peatón se haya comportado mal", comenta la gente moviendo la cabeza.

"Esta palabra tiene un efecto increíble. Me gustan las palabrotas. Con ellas se puede escandalizar a la gente y hacerse el importante. Es un juego muy divertido. También yo voy a intentarlo enseguida", se dice el inconsciente de Guille sin pensar bien en lo que hace.

Cuando llega a casa, lo prueba inmediatamente. "¡Dios mío!", exclama la madre. "¿De dónde has sacado tú esas expresiones? Aquí en casa no, desde luego. No quiero volver a oir nunca más una palabra de esas." El padre está muy enfadado: "¡Lo que aprenden los niños hoy en día en los colegios! La culpa la tienes tú, mamá. Le dejas hacer lo que le da la gana y ahí lo tienes. Tu hijo trata con chicos indecentes."

Guille tiene que ir a comprar leche. En la tienda, tiene que esperar mucho, pues los mayores le pasan por alto. Así que Guille grita su "palabra mágica". Los mayores se vuelven hacia él enfadados: "¡Pero qué barbaridad! ¿Cómo es posible? ¡Qué chico tan descarado, diciendo palabrotas! Deberías avergonzarte. Díle a tus padres que aprendan a educarte un poco mejor."

Guille no entiende por qué debe avergonzarse o lo que sus padres tienen que ver con esto. No piensa en lo que le dicen los adultos, sino que disfruta siendo el centro de atención y observando que todos los mayores, el profesor, la gente en el cruce y sus propios padres reaccionan igual de horrorizados.

Satisfecho va a casa de su abuela. "Abuela, he aprendido una palabra importante", dice Guille orgulloso.

"¿De verdad?", pregunta la abuela con dulzura. "Venga, cuéntamela." Cuando Guille pronuncia la palabra, su abuela está igual de horrorizada que el profesor, la gente en el cruce, sus padres y la gente de la tienda. "Nene, eso no se dice. Un chico bueno no usa esas palabras. No lo vuelvas a decir nunca más", le reprende la abuela.

Guille se retira a su cuarto. "¿Por qué no puedo volver a decir esa palabra? Otros también la dicen y, además, tiene que ser una palabra muy importante cuando todos se ponen así al escucharla. Así que tengo una palabra mágica. ¡Es estupendo, soy importante, muy importante!", piensa contento.

De pronto, entra Don Importante en la habitación de Guille. Don Importante se parece a un duendecillo, pero es muchísimo más feo, malvado y muy engreído. Don Importante cree ser el más importante del mundo. Cuando un niño empieza a creerse importante, entra rapidamente en acción para demostrarle que sólo puede haber una persona importante en el mundo y ha resultado ser él, don Importante.

"¡Eh, tú!", llama don Importante muy enfadado con su voz chillona pellizcando los pantalones de Guille. "¿Qué es lo que te has creído? Sólo porque hayas dicho una palabrota no quiere decir que seas importante. Las palabrotas las puede decir hasta el tonto más grande del mundo, no tienen nada de especial. Ahora todavía te gusta porque, con tu palabrota, eres capaz de desconcertar a la gente, pero pronto se acostumbrarán y no verán en ti más que a un niño desagradable. ¡Olvídate de que vas a ser alguien importante!"

"No te creo ni una palabra", responde Guille cabezota. "Lo que pasa es que estas celoso porque voy a ser alguien importante."

"Bueno, como quieras, ya veremos quién de los dos tiene razón. ¡Vamos a apostar!", propone don Importante. "Te voy a enseñar todas las palabrotas que existen y tú las vas a usar siempre, delante de todo el mundo. Si te das cuenta de que no te conviertes en alguien importante, has perdido y no puedes volver a decir una palabrota nunca más. Y yo sigo siendo la persona más importante del mundo. Dentro de un mes, nos volvemos a encontrar y a ver quien de los dos es el vencedor."

"¡De acuerdo!", exclama Guille y don Importante desaparece como por arte de magia.

Cuando Guille se despierta a la mañana siguiente tiene en la cabeza un montón de palabrotas nuevas que don Importante le ha metido en la cabeza por arte de magia antes de despedirse. Guille está muy contento: "¡Hurra! ¡Voy a ganar! Ahora ya puedo confundir a niños y mayores. No habrá nadie en el mundo más importante que yo."

Y, como ese día no tiene colegio, se marcha a jugar al parque. Allí ve a un grupo de niños jugando sobre la arena y, sin querer, se le escapa una palabrota, así sin más. Los pequeñines le miran asustados y sin comprenderle. Guille escucha cómo las madres les dicen: "¡No le miréis siquiera, es un chico malo!"

Después pasa Guille junto a unos chicos más mayores que están jugando al fútbol. Los mayores siempre le han causado mucho respeto, así que quiere pasar de largo cuanto antes. Pero, como si estuviera embrujado, vuelve a escapársele una palabrota. Los muchachos están furiosos con el pequeño cara dura y uno de los más fuertes le propina un buen puñetazo. "¡No se te ocurra volver a venir por aquí!", le amenazan.

Guille está totalmente aturdido. Hoy no le parece todo tan divertido como ayer y, sin embargo, no puede parar. Está como embrujado. Un mes entero tiene Guille que estar diciendo palabrotas. Pero como quiere ganar la apuesta, se arma de valor para continuar.

Ya no tiene más ganas de seguir en el parque y se dirige a su casa lentamente por las estrechas callejuelas. Se tropieza con una amable vecina que a menudo le obsequia con golosinas. Guille quiere saludarla cariñosamente pero, en vez de un amable saludo, vuelve a soltar una palabrota. La vecina pasa de largo sin dirigirle ni una sola mirada. Estaba seria, no horrorizada como el profesor, la gente en el cruce, sus padres, la gente de la tienda o su misma abuela. Esta vez, Guille se siente avergonzado y no se siente importante en absoluto.

Durante los días siguientes pasan cosas parecidas. Cada vez le hace menos gracia soltar a los demás tales palabrotas y, como había predicho don Importante, la gente se ha ido acostumbrando a la idea de que Guille no es más que un niño descarado y desagradable. Nadie le mira a la cara y los padres prohiben a sus hijos que jueguen con él. De esta forma, Guille se va quedando cada vez más solo. Sus compañeros de clase ya no se ríen cuando Guille dice una palabrota porque, con el tiempo, les resulta aburrido.

Tampoco Guille soporta más este eterno decir palabrotas y aguarda con ansiedad el día en que don Importante gane la apuesta. Guille no encuentra nada especial en el hecho de decir palabrotas y se da cuenta, por fin, que sólo los niños tontos las siguen utilizando voluntariamente.

A partir de ahora, intenta siempre taparse la boca con la mano y evitar así que se le escapen las palabrotas.

"¡Eres un cer...!" Plaff, Guille se da un manotazo en la boca para no seguir hablando. "¡Eres un imbe...!" ¡Plaff! Otro manotazo. Y así sucesivamente. Guille tiene los labios totalmente hinchados y morados de tanto cerrarse la boca.

¡Por fin llegó el día! Hoy volverá a aparecer don Importante para ver quién de los dos ha ganado la apuesta. Y como no es un don Importante amable, sino un malvado don Importante, se alegra muchísimo cuando encuentra a Guille triste y decaído. "¡Ja, ja, ja!", se alegra con malicia. "¡He ganado! ¡Ja, ja, soy y seguiré siendo siempre el don Importante más importante del mundo!" Como veo, se te han quitado las ganas de decir palabrotas. La gente ya no te quiere. Te lo tienes merecido. ¡Cómo se puede ser tan tonto y creer que con las palabrotas se puede ser alguien especial! ¡Ja, ja, tonto más que tonto, qué tonto eres Guille!", se burlaba don Importante y desapareció tan rápido como había venido.

A Guille no le importa nada haber perdido la apuesta. Está contento y respira con alivio porque puede volver a ser un niño cariñoso y amable y se esfuerza especialmente en serlo con todo el que se tropieza.

Y mira por donde, al cabo de un tiempo, niños y mayores vuelven a tenerle cariño. La vecina le obsequia con más dulces que nunca. Guille no se da cuenta de que su amabilidad con los demás le ha convertido en una persona importante de verdad. Todos sus compañeros de clase quieren tenerle como amigo, el profesor le encomienda tareas de honor y los mayores le invitan a hacer divertidas excursiones. Resumiendo, todos quieren disfrutar de su compañía.

Guille ha perdido la apuesta pero, a pesar de todo, ha ganado al arrogante don Importante que está furiosísimo y ha tenido que marcharse a un país muy muy lejano. Y ojalá que no regrese nunca porque, en realidad, aquí ya nadie le necesita. Nadie en absoluto, ¿verdad?

Consejos a los padres

Los niños en edad escolar conocen el significado aproximado de la palabrota y son perfectamente conscientes de la reacción negativa con que son recibidas estas palabras. Si los padres acostumbran a utilizar palabrotas, el niño les imitará y el uso se convertirá en costumbre. También puede suceder que el niño perciba que para los adultos el hecho de utilizar palabrotas, supone una especie de válvula de escape. En este caso, el niño se orientará por este modelo y aprenderá a reaccionar de la misma forma.

En edad preescolar, por el contrario, el niño se da cuenta únicamente de que con ello puede convertirse en el centro. Aprende con el ejemplo de otros niños y, suponiendo que los padres reaccionen mal, con la atención recibida, se refuerza el seguir utilizando las palabrotas. En ese momento, es mejor hacer como si no se oye la palabrota, lo que no significa que se le apruebe. La palabrota pierde cualquier atractivo y sentido para el niño si no provoca la reacción que esperaba provocar. Pasado cierto tiempo, es conveniente hablar de ello con el niño: "Por cierto, hoy al mediodía has utilizado una palabra muy fea. Con ella puedes insultar a alguien o incluso hacerle mucho daño. Yo sé que tú eres un niño bueno y seguro que no quieres poner triste o enfadar a alguien. Seguramente has creído que se trataba de una palabra importante. Si la vuelves a repetir, vamos a hacer como si no la hubiéramos oído, ya que no queremos saber que nuestro niño es capaz de decir cosas tan horribles."

Con esta conversación, se pone claro al niño que tampoco la repetida utilización de la palabra va a proporcionarle alguna ventaja. Al mismo tiempo, se le hace ver que la palabra puede llegar a herir y le da la confianza para que comprenda que esa no es la intención que él persigue.

Si su hijo es desobediente

EL JUEGO DE LOS INDIOS

Paloma y Román están jugando a los indios. Han inventado signos secretos y se dan señales uno a otro como hacen los indios de verdad. Ya sabéis que los indios se comunican a largas distancias con señales de humo o imitan sonidos animales. De esta forma, transmiten mensajes que sólo son comprendidos por los hermanos de la tribu.

A Paloma y a Román como más les gusta jugar es con muchos niños. Con sus señales secretas pueden comunicarse cosas que comprenden únicamente ellos y nunca los demás niños. Así, por ejemplo, Paloma avisa a Román de que Pablo se está acercando por detrás para cogerle. O Román indica a Paloma un camino secreto en el que los demás niños no la encontrarán tan facilmente. Cada grupo de niños tiene sus propios signos secretos, esto es parte del juego. Rara vez se discute, pues todos cumplen con las reglas que ellos mismos han establecido para el juego de los indios.

Los padres de Paloma y Román observan, sorprendidos, la exactitud con la que sus hijos siguen las reglas del juego. En casa no siempre consiguen ser obedientes.

Entonces a los padres se les ocurre una idea. Inmediatamente exponen el plan a sus hijos: "Sabemos que no siempre resulta agradable obedecer. Vamos a jugar también en casa a una especie de juego de indios. Los indios se mantienen siempre unidos y se ayudan unos a otros, como nosotros en nuestra familia. Las reglas de la tribu son una ley irrevocable y todos la obedecen. El jefe, con la máxima responsabilidad, determina lo que tiene que hacer cada uno en situaciones importantes, pero también pide consejo a los demás para decidir justa y sabiamente.

Vamos a jugar a la familia india y a inventar signos secretos, por ejemplo castañetear con los dedos, tocar las palmas o silbar. Estos signos servirán de señal para llamarnos la atención unos a otros cuando se deje de cumplir alguna regla de las que hemos establecido juntos. Y si durante la semana has sido un buen indio, el domingo puedes ser el jefe de la tribu. Es decir, podrás decidir lo que vamos a comer, a dónde podemos ir de excursión y a qué vamos a jugar contigo. ¿De acuerdo? Estamos deseando de empezar a jugar a los indios y de tener indios buenos en casa."

Consejos a los padres

La obediencia o la desobediencia de los niños (fuera de las fases críticas) son una prueba para la capacidad pedagógica de los padres. Si solamente han dado órdenes, han educado de manera inconsecuente, dan al niño por capricho hoy esto y mañana lo otro, prohiben demasiadas cosas, critican continuamente, si ellos mismos están en desacuerdo en sus puntos de vista y lo muestran delante del niño, es prácticamente imposible que pueda aprender a obedecer.

La causa más corriente de la desobediencia es, por lo tanto, la torpeza pedagógica, la inconsecuencia de los padres. A veces la desobediencia, como otros muchos casos de conductas invertidas, no es otra cosa que un instrumento del niño para ganarse por la fuerza la ansiada atención que necesita. En algunos casos, es utilizada como protesta a unas normas demasiado estrictas.

Si, en algunas familias, se escribieran en un papel las advertencias de un solo día, se podrían llenar las páginas de un libro. "¡Venga, ven de una vez! ¿No me has oído? ¿Cuántas veces tengo que llamarte? ¡Deja eso inmediatamente! ¡Te he dicho mil veces que esto no se toca! ¡Qué desesperación de niño! ¡Todo lo que te digo te entra por un oído y te sale por otro. Venga ya! ¡Deja eso! ¡Acaba de una vez! ¡Ven de una vez! ¡No hagas ruido y no corras de esa forma por la casa. Te he dicho que no hagas ruido! ¿Estás sordo o qué? Los vecinos se van a quejar. Recoge eso del suelo. ¿Lo has recogido de una vez? Recógelo, es la última vez que te lo digo. ¡Dáte un poco de prisa! ¿Quieres hacerlo de una vez? Tengo que ir siempre detrás de ti. ¿Es que no sabes obedecer? ¿Qué habré hecho yo para merecer esto? ¡Dios mío, mis nervios! ¿Cuántas veces tengo que repetir las cosas para que obedezcas? Etc., etc..."

La impaciencia y el nerviosismo de los padres se reflejan en el niño y, o bien reacciona de la misma forma o se protege a sí mismo "haciéndose el sordo". Con continuas reprimendas lo único que se consigue es insensibilizar al niño con respecto al contenido de las mismas. Lo único que percibe es el exceso de atención que, como se ha mencionado en varias ocasiones, refuerza el comportamiento invertido y, en ningún caso, le estimula a obedecer.

Observe su propio comportamiento de forma crítica bajo la lupa: ¿Tiene usted un comportamiento nervioso, caprichoso, inconsecuente, intolerante, inflexible? ¿Está exigiendo demasiado a su hijo?

"Hay que obedecer". Este principio está justificado cuando con él se pretende que ciertas normas sean cumplidas en beneficio del niño y de su entorno, para mantener un orden o disfrutar de una mejor convivencia. No está justificado cuando se espera con él que el niño por sí mismo, sólo porque se le exige, tenga que obedecer. Es tarea específica de los padres despertar dicha sensibilidad en el niño y la mejor forma de conseguirlo es no utilizar largos discursos. Son suficientes algunas explicaciones comprensibles y concisas. Para ello, es necesario ser paciente y consecuente, así como tener comprensión hacia el comportamiento infantil. No puede esperar que un niño obedezca "apretando un botón", y mucho menos cuando la exigencia paterna le pretende apartar abruptamente de una actividad mucho más agradable.

En caso de que a su hijo le costara excesivo trabajo aprender a obedecer, puede ayudarse del juego de los indios para acortar el proceso de reaprendizaje y hacerlo más atractivo. Los signos secretos indios escogidos por el propio niño sirven de señal, de recordatorio para atenerse a las reglas establecidas previamente. Mientras que ciertas normas de comportamiento no hayan sido asimiladas profundamente, no puede esperarse que salga del niño obedecer. Estos recursos, por lo tanto, son efectivos y necesarios. En cambio, con las señales secretas los padres aprenden a no caer en los sermones de costumbre y no fomentan sin querer la desobediencia con continuas reprimendas. Los signos se repetirán sucesivamente un máximo de tres veces. Antes de la tercera y última, el niño deberá haber respondido al deseo de los padres, sólo en este caso se le considera "vencedor".

Tanto para controlar el transcurso como para alegrar y estimular al niño, es necesario registrar los progresos diarios y dotarlos de un merecido reconocimiento. Para dicho menester se pueden, por ejemplo, pegar estrellitas o pintar las plumas de un indio que se irán coloreando con cada progreso realizado. Las cotas de éxito se miden a partir del "estado real", lo que significa que no se deben esperar grandes progresos al comienzo del programa. No deje, además, de acompañar cada pequeño progreso de un elogio.

El premio semanal para el vencedor, poder ejercer durante un día de "jefe indio", no sólo supone un estímulo adicional, sino que también ayuda al niño a sentir que se le toma en serio como miembro de la familia. Para evitar que el "jefe indio" ponga exigencias imposibles de cumplir, se pondrán a su disposición tres alternativas, dentro de las cuales el niño podrá escoger la que más le guste. Casi no hace falta decir que también usted deberá atenerse a las reglas establecidas y cumplir su promesa al pié de la letra.

El éxito del programa depende de su capacidad para saber interpretar correctamente la situación, lo que lleva consigo una buena dósis de autocrítica y de entusiasmar al niño para que aprenda jugando.

LA GATITA LISA

¿Sabías que los animales también tienen alma? Pueden alegrarse o estar tristes, igual que nosotros. Hacen tonterías y a veces son desobedientes, pero cuando su madre se pone seria, obedecen sin rechistar. Los animales también riñen y pelean casi como los niños, pero después vuelven a tumbarse juntos cariñosamente. Los gatitos son especialmente juguetones. ¿Has observado alguna vez a los gatitos pequeños?

Lo que más divierte a los gatitos es jugar a pillar o a trepar. Así aprenden pronto a hacerse buenos cazadores, algo muy importante para los gatos grandes. Para procurarse alimentos o defenderse necesitan las uñas. Por eso, los gatos las cuidan especialmente y están muy orgullosos de ellas.

La mamá gata Minca tiene cinco gatitos: Pusi, Michino, Ronrón, Minina y Lisa. Lisa es una gatita buena y cariñosa, solo que desgraciadamente es muy asustadiza y nerviosa. Siempre que sus hermanos no están conformes con algo, protestan con "miaus" agudos y cuando están desilusionados, acobardados o asustados, se lo cuentan inmediatamente a mamá gata Minca. Lisa es la única que nunca dice miau, se acurruca junto a su mamá, se aprieta muy fuerte contra ella, pero nunca cuenta nada. Y no es que Lisa tenga grandes preocupaciones, son sólo muchas cosas pequeñas que la asustan un poquito, la desilusionan o la intranquilizan.

Por ejemplo, Lisa se asusta muchísimo cada vez que Michino gruñe, se sobresalta cuando Ronrón le pellizca la orejita o cuando Pusi juega con su rabito. Se pone un poco triste cuando ve que Minina prefiere revolcarse con los otros hermanos, se siente muy sola cuando mamá Minca charla alegre con los demás y se pone muy nerviosa cuando todos aprenden a cazar ratones y ella tiene que resolver esa tarea por sí misma.

Y, de repente, un buen día sin más, empieza Lisa a morderse las uñas y se convierte en una pequeña devoradora de uñas. Minca le advierte: "¡Deja de morderte las uñas! Los gatos las necesitan. Sin uñas bonitas y afiladas no eres un gato como es debido". Sus hermanos se ríen de ella: "¡Qué uñas tan horribles tienes! Con esas uñas tan cortas y chatas no puedes ni trepar por una verja.

De nada sirven las burlas de los hermanos o las advertencias de su madre. A Lisa le resulta agradable morderse las uñas porque mientras lo hace se tranquiliza y, por eso, se muerde y mastica sus pequeñas garras siempre que está nerviosa o preocupada. Lo malo es que ahora también se las muerde cuando está aburrida y no sabe qué hacer, porque ya lo hace por costumbre.

Los gatitos se han ido haciendo mayores y mamá Minca ya les deja irse solos por ahí, pero les advierte que tengan cuidado y no hagan demasiadas travesuras, porque por el pueblo hay muchos perros sueltos que se divierten cazando gatos.

A Lisa le encanta salir a descubrir cosas nuevas. Disfruta olfateando una preciosa flor de la que, de repente, sale una diminuta hormiga que trepa por la nariz de Lisa. "¡Achísss!", estornuda Lisa y espanta sin querer a una distraída mariposa. Lisa sale detrás de ella y quiere cazarla, pero la mariposa vuela tan alto que nadie puede alcanzarla.

Lisa no se da cuenta de que se encuentra cerca de la finca donde vive Bello, un perro muy grande. Bello no es un perro malo, al contrario, es muy bonachón pero Lisa no lo sabe. Y cuando, de repente, Bello salta por encima de la tapia, Lisa se pega un susto de muerte. Horrorizada sale corriendo hacia el bosque para esconderse de Bello en la copa de algún árbol. A Bello le divierte jugar a cazar a Lisa y por eso va pisándole los talones.

Por fin llega Lisa al bosque. "Y ahora volando a lo alto de un árbol", piensa, ya casi sin aliento. "¡Socorro! Pero, ¿qué es lo que sucede?" Lisa pega un salto hacia el árbol y ¡plafs! se vuelve a caer al suelo. Otro desesperado intento ¡Hopp! y ¡plaf! Lisa acaba de hacer un aterrizaje de barriga. Tiene las uñas tan mordidas que es imposible sujetarse bien al tronco del árbol.

Bello está cada vez más cerca. Quiere meter miedo a Lisa gruñendo tan fieramente como puede. A Lisa tiembla todo el cuerpo, cierra los ojos y, de puro susto, empieza a morderse las uñas.

Cuando ve a este gato tiritando, Bello no puede por más que empezar a reírse: "¿Qué clase de gato eres tú? Los gatos normales trepan a los árboles, gruñen y enseñan las garras cuando son perseguidos por los perros. De esa manera sí que gusta salir a la caza de gatos ¿pero tú? Te tumbas boca abajo, tiemblas de miedo y te muerdes las uñas. Has tenido suerte de que sea amigo de los gatos, si no te podría morder ahora mismo".

Lisa se atreve a ir abriendo los ojos poco a poco. Bello agita el rabo para demostrarle que desea ser su amigo, pero en el lenguaje felino el agitar el rabo de un lado a otro significa: "¡Cuidado, no te me acerques demasiado! Por eso, Lisa no comprende inmediatamente el amable gesto de Bello e intenta gruñir encorvando el lomo para ver si logra asustarle.

"¡Ja, no puedes asustarme. No tienes uñas con las que me puedas arañar! ¿No crees que es mejor si nos hacemos amigos? Así te podría proteger de los otros perros hasta que te crecieran las uñas". "Me gustaría pero lo que pasa es que mis uñas ya no crecen. Estoy tan acostumbrada a mordérmelas que ni siquiera me doy cuenta cuando lo hago", responde Lisa con timidez. "¡Eso está fatal! Sin uñas no eres un gato bonito, nadie te toma en serio y hasta tú misma estás en continuo peligro. Tiene que haber alguna forma de arreglarlo, yo no puedo protegerte eternamente", refunfuña Bello rascándose pensativo detrás de la oreja. "¡Ya lo tengo! En vez de morderte las uñas, te chupas el dedo gordo. Mmmm, no, tampoco es una buena idea porque entonces se te terminan torciendo los dedos y eso es para un gato igual de feo que las uñas cortas. Mmm ¡Ay que ver que no se me ocurre nada!"

"¡Pero a mí sí! Yo puedo ayudaros", sesea suavemente alguien desde el lomo de Bello. "¿Quién eres tú?", preguntan Lisa y Bello sorprendidos. "Soy yo, la pequeña pulga canina". "¿Qué vas a poder hacer tú por mí, pequeño monstruo. Me picas y muerdes constantemente y tengo que estar siempre rascándome." "Efectivamente", responde la pulga. "Esta es precisamente la ayuda que puedo prestar a Lisa. Puedo irme a vivir una temporada a su lomo y así, cada vez que empiece a morderse las uñas, la recuerdo que debe dejarlo inmediatamente saltando y haciéndole unas cosquillas tan fuertes que tendrá que rascarse y dejar las uñas en paz. Y si consigue no morderse las uñas, entonces le susurraré al oído preciosas historias caninas. Cuanto más consiga dominarse, más historias le contaré."

"¡Pequeña pulga, es una idea verdaderamente estupenda! Te cedo a Lisa con muchísimo gusto y, además, no hace ninguna falta que vuelvas, ya me he rascado bastante." "Por mí, como quieras. Ya me buscaré otro perro, aunque la verdad es que contigo estaba muy bien ¡tienes un pelo tan suave...! Bueno y ahora me voy con Lisa. ¡Uno, dos y tres, allá voy!"

"¡Oye, eso no vale!", maulla Lisa, "me haces cosquillas y todavía no he empezado a morderme las uñas." "Perdona pero primero tengo que buscarme un sitio cómodo detrás de tu oreja. Te prometo que no volverá a ocurrir."

La pequeña pulga presta mucha atención a las uñas de Lisa. Cuando tiene que hacerle cosquillas, Lisa lo pasa fatal porque con las uñas mordidas no puede rascarse en condiciones. Y cuando Lisa no se muerde la uñas, la pulguita le cuenta preciosas y divertidas historias de perros en las que, naturalmente, también aparecen muchos gatos. Lisa aprende mucho con estas historias, ya no se siente tan sola, tiene más ánimo para todo y charla con la pulguita de todo aquello que se le pasa por la cabeza. La pulguita ya no tiene prácticamente que hacerle cosquillas, pues Lisa apenas si se muerde las uñas.

Un buen día, Lisa se encuentra con un perro extraño. Sale disparada hacia un árbol, el perro pega un salto pero Lisa ya le ha propinado un buen zarpazo. El perro sale corriendo con la nariz sangrando. Mamá gata Minca pasaba por allí casualmente: "Esto está fenomenal, Lisa. Te has convertido en una gata muy valiente. Venga, y ahora baja del árbol, el perro ya se ha marchado."

Lisa se da cuenta que se puede agarrar al tronco del árbol sin resbalarse. Sus uñas están cada vez más bonitas. "¡Hurra! Ya soy un gato como los demás. ¿Ves pulguita que uñas tan bonitas tengo?"

Pero la pulguita ya no puede oirla. Como ha visto los progresos que hace Lisa y sabe que ya no necesita su ayuda, ha aprovechado la primera oportunidad para buscarse un nuevo hogar en el lomo de algún perro. Ahora hace cosquillas al perro que quiso cazar a Lisa y el pobre no sólo tiene la nariz estropeada sino que ademas tiene una pulga.

¿Eres tú uno de esos que se muerden las uñas? A lo mejor quieren jugar tus padres a convertirse en la pulga invisible que te ayude a dejar esa horrible costumbre de morderte las uñas y con la que puedas hablar de todo lo que te preocupe o te intranquilice y que te cuente preciosas historias. Y si, además, vas escribiendo en un cuaderno todos los progresos que haces, que seguro serán cada día mayores, entonces el juego puede resultar verdaderamente divertido.

Consejos a los padres

La razón por la cual los niños empiezan a morderse las uñas puede tener diversos orígenes. Una de las causas más comunes es la opresión psicológica, condicionada bien por miedo, nerviosismo, coacción, exigencias físicas o morales demasiado altas o bien otro tipo de problemas insuperables. El morder las uñas actúa de válvula de escape con la que el niño disuelve su tensión interior. En la mayoría de los casos se convierte después en una costumbre. El niño sigue mordiéndose las uñas aún cuando los problemas ya se han resuelto. El morder las uñas también puede ser simplemente una costumbre que se manifiesta con mayor intensidad en los ratos de aburrimiento o con actividades que requieren concentración mental.

Unicamente la sensibilidad de los padres puede determinar si, en el caso concreto de su hijo, el morder las uñas expresa una tensión psíquica. La forma de descubrirlo puede ser observando al niño atentamente, analizando de forma crítica la propia situación familiar, así como con conversaciones con el niño. En el caso de que hubiera falta de claridad, habría que recurrir a la ayuda de un psicólogo. Observe su propio comportamiento con el niño: ¿hasta qué punto somete al niño a una presión excesiva en el rendimiento, lo desborda, tiene suficientes ocasiones de expresarse, sabe usted escuchar, toma en serio a su hijo? ¿Se capta cierto nerviosismo en sus reacciones, tiene la suficiente paciencia?

Ponga las fechas iniciales: Cuándo, con qué frecuencia, en qué situaciones y con qué estado de ánimo empieza su hijo a morderse las uñas. A partir de este "estado real" del niño desarrolla usted el programa.

Explique al niño por qué es importante vencer la costumbre de morderse las uñas. Hágale ver que comprende lo difícil que resulta vencer una costumbre. Para facilitarle esta trabajosa tarea y hacérsela más agradable, ayúdele al principio con un juego: siempre que el niño empiece a morderse las uñas, usted utilizará los signos que hayan convenido previamente (palmas, pitos o cualquier otro signo elegido por el niño) en vez de las tradicionales advertencias. Los signos tienen por objeto recordar al niño que retire inmediatamente los dedos de la boca. Una reacción positiva, debe ser alabada inmediatamente con aplausos o similares.

Antes del comienzo de cada entrenamiento, el niño puede escoger un premio. Sólo en situaciones excepcionales pueden ser los premios de carácter material, primeramente se deben ofrecer actividades conjuntas, narraciones, etc... Después de cada progreso por pequeño que sea, exprese al niño su alegría. Póngase en la difícil situación del reaprendizaje y anime al niño. Un ambiente que proporcione al niño confianza y seguridad hará que vacie su alma y cuente lo que le preocupa. El objetivo es que el niño consiga superar intervalos de tiempo cada vez mayores sin ayuda de los signos. Los reafirmantes, por lo tanto, se van utilizando cada vez menos hasta desaparecer por completo.

Si su hijo es inseguro por regla general o padece facilmente de tensiones, rellene con él un cuaderno durante algún tiempo, en el que usted irá escribiendo día a día comentarios cariñosos que le animen y reconozcan sus progresos y que usted le leerá cada tarde, antes de irse a dormir (ver página 21).

Si su hijo es de naturaleza nerviosa, recurra a la ayuda de un entrenamiento autógeno u otros ejercicios de relajación (por ejemplo, "relajación de músculos progresiva" de E. Jacobson).

PRINCESITA AGUAS MENORES

Elena todavía se hace pis en la cama. No se lo ha contado a nadie porque le da mucha vergüenza pero le sucede noche tras noche. Alguna vez que otra aparece la cama seca a la mañana siguiente, a veces la mancha es pequeñita pero otras está la cama entera mojada de arriba abajo. Mami ya ha estado con ella en el médico, pero éste les ha dicho que está sana como un roble. Nadie es capaz de explicarle por qué lo hace hasta que un buen día la maestra del jardín de infancia les cuenta una historia:

Erase una vez, hace mucho tiempo, un rey, una reina y una princesita que vivían en un maravilloso palacio. La princesita era una muchacha muy linda con preciosos rizos dorados. Todos la mimaban y sólo ella acaparaba la atención de toda la corte. Cierto día, todo cambió de golpe. Había venido al mundo el principito. Ya a nadie le quedaba tiempo para dedicárselo a la princesa. Todos andaban ocupadísimos con el aristocrático culito del príncipe cambiándole los pañales y procurándole bienestar.

La princesita no estaba nada contenta con el nuevo hermanito. Estaba realmente celosa y una vez hasta soñó que volvía a ser un bebé tan pequeño como el príncipe. Soñó que la mecían en la cuna, le daban de comer y le hacían caricias. A la mañana siguiente, se despertó con la cama empapada.

¡Esto fue la gran sensación! La doncella se lo contó inmediatamente a la dama de honor, la dama de honor al paje, el paje al lacayo, el lacayo al ministro, el ministro al rey y el rey a la reina. Y todos se precipitaron nerviosos en los aposentos de la princesita. ¡Una princesa que se hace pis en la cama! Al principio, la princesita se puso roja de vergüenza, pero enseguida empezó a gustarle la idea de volver a ser el centro de atención en palacio.

El suceso volvió a repetirse durante algunas noches. La reina estaba verdaderamente preocupada. "¿Estará enferma nuestra princesita?", preguntó a su esposo el rey. Y como la princesita no dejaba de mojar sus sábanas de seda, los reyes decidieron llamar al médico de cámara. Pero ni rastro de enfermedad.

Entonces empezaron los reyes a avergonzarse de su princesa. Intentaron convencerla con buenas palabras, la advirtieron e incluso la regañaron, pero como si nada. Pronto empezaron a cansarse de los largos sermones y a aceptar la fatal desgracia del destino sin preocuparse más del asunto. También la corte empezó a acostumbrarse a que su princesita se hiciera pis en la cama. Alguna que otra vez se escuchaba decir: "¡Una princesa que se hace pis en la cama! Es horrible. ¡Qué vergüenza!"

La princesita, que se había alegrado tanto volviendo a ser el centro de atención, cada vez estaba más triste. Le fastidiaba muchísimo esta tonta costumbre y quería vencerla pero no podía. Un día escuchó por casualidad cómo un descarado mozo de cuadra la llamaba "princesita meona". Esto ya era demasiado: "Todo el palacio se burla de mí. Nadie dice como antes: 'Mirad, por allí va la princesita de los rizos dorados'. Por mucho que haga no voy a conseguir mantener las sábanas secas. Lo mejor es que me marche de aquí para siempre."

Así que decidió abandonar el palacio. ¡Qué idea tan tonta la de la princesa! La muy terca pensaba: "papá y mamá prefieren de todas formas al principito, no me van a echar mucho de menos". Y ahí sí que estaba tremendamente equivocada. Aunque el rey y la reina no dedicaran tanto tiempo como antes a la princesa, ¡por supuesto que la querían y estaban orgullosos de su preciosa niña!

La princesita se adentró en las profundidades del bosque hasta perder el camino de vuelta. Se arrepentía de haber abandonado el palacio pero no lograba encontrar la senda de regreso. La princesita se lamentaba: "¡Ay, cómo echo de menos la dulce voz de la reina y el tono gruñón del rey!". Agotada se acostó sobre un lecho de musgo y se quedó dormida. Y para saber lo que sucedió con nuestra princesita, has de tener un poquito de paciencia porque hay alguien más en la historia a quien todavía no conoces:

No muy lejos del castillo vivía el pequeño Pedro. Pedro quería mucho a sus padres y sabía que ellos también le querían. Sólo estaba triste porque nunca tenían tiempo para él.

Un buen día, Pedro se puso enfermo con una cistitis. Su madre estaba muy preocupada. Preparó un té especial y le acostó con una bolsa de agua caliente sobre la tripita. Pedro empezó a encontrarse mucho mejor.

El enfriamiento desapareció muy pronto pero, como por arte de magia, desde la enfermedad, Pedro comenzó a hacerse pis en la cama por las noches. Al principio, la madre pensó que quizás fuera el té el culpable de todo y, a partir de entonces, no volvió a preparárselo, pero de nada sirvió. El médico tampoco encontraba nada: "La cistitis está curada. Pedro está sano." Pronto empezó su madre a perder la paciencia y a regañarle: "¡Ya tengo suficiente trabajo como para que encima tenga que estar lavando las sábanas casi todos los días por tu culpa!"

Cuando una mañana su madre volvió a enfadarse por las sábanas mojadas, Pedro se puso cabezota. "¡Yo no tengo la culpa de lo que pasa, no lo hago a propósito! Yo soy el primero

que está triste y si mamá se enfada porque le doy mucho trabajo, entonces lo mejor es que me marche de aquí para siempre."
Y dicho y hecho, Pedro se puso en camino.

Pasado algún tiempo llego hasta un profundo bosque. El mismo bosque en el que se había perdido nuestra princesita. A Pedro ya se le había pasado la cabezonería y desanimado pensaba: "¡Ay, cuánto siento haber actuado sin reflexionar. Qué estará haciendo mi madre, con lo que ella me quiere…"

Tan sumido estaba en sus pensamientos que ni siquiera miraba por donde iba y ¡plaff! por poco se cae de narices al suelo. "Pero, ¿qué es esto?", se sorprendió. "No puede ser un animal del bosque. ¡Es una niña sucia durmiendo sobre el musgo!" Pedro reflexionaba: "¿Qué es lo que hace en el bosque una niña tan sola? ¿Le habrá pasado algo?" No se atrevía a despertarla pero, justo en ese mismo instante, una mariquita se había subido a la nariz de la princesa. Las cosquillas la hicieron estornudar y abrir los ojos.

La princesita estaba muy contenta de encontrarse con algún ser humano y encima con un chico casi de su misma edad. La verdad es que se había empezado a sentir bastante sola. Pedro encantó a la princesita y la princesita encantó a Pedro. Los dos preguntaron al mismo tiempo: "¿Qué estas haciendo aquí tan solo en el bosque?" Y claro, empezaron a reírse y se hicieron inmediatamente buenos amigos. Pedro no se podía creer que la muchacha fuera una princesa de verdad. "Es hermosa como una princesa, pero está tan sucia. No, no puede ser, no existe una princesa tan sucia."

Pedro no daba crédito a sus oídos cuando escuchó la razón por la cual la princesita se había marchado de su casa. "¡A mí me sucedió algo muy parecido! Y yo que pensaba que era el único niño en el mundo con tan extraña enfermedad que no es enfermedad." La princesita se reía: "Yo también pensaba que era la única. Me avergonzaba muchísimo porque encima soy una princesa." "Y yo no soy príncipe pero también me avergonzaba mucho", contaba Pedro. De repente, se volvieron a poner tristes. Echaban de menos a sus respectivas familias pero no querían volver a tener que avergonzarse. "¡Ay, si alguien nos pudiera ayudar! Tiene que haber alguna fórmula que nos ayude a no mojar la cama por las noches." Cabizbajos y cogidos de la mano se pusieron de nuevo en camino.

De pronto llegaron hasta un pequeño prado del que llegaba un maravilloso olor. "¿Qué es lo que huele tan maravillosamente? ¡Es el perfume de miles de rosas, cientos de lilas y delicada miel! ¡Ven, vamos a ver de dónde proviene este delicioso perfume!", propuso Pedro. Embriagada por el olor le seguía la princesita. Pero lo único que descubrieron fueron unas insignificantes florecillas. "¿Y estas flores son las que despiden el delicioso aroma? Tienen que ser unas flores muy especiales", exclamaron los niños.

Una ligera brisa comenzó a soplar en su dirección. Las florecillas balanceaban sus cabecitas y se pusieron a cantar con dulces vocecitas:

Nuestra misión es ayudar
con una flor pequeña.
Por la noche, cuando os vayáis
a dormir, la flor os enseñará
unos versos para que vuestras
camas amanezcan secas.
A la mañana siguiente, la flor
os va a regalar un perfume
delicioso que os llenará de alegría.

La brisa cesó y las florecillas volvieron a estar quietas en sus lugares.

"¿Pero es posible esto? ¿Lo has oído tú también o lo he soñado?", preguntó Pedro a la princesa. "Las flores han cantado de verdad. Imagínate, ahora si que tenemos a alguien que nos va a ayudar. Tenemos que tener fe en ellas. Ven, vamos a coger una florecilla mágica." "¡Viva!", grito Pedro. "¡Ya no habrá más sábanas mojadas! Me lo voy a proponer firmemente, pero no nos podemos olvidar de decir la fórmula mágica antes de dormirnos. Pero, ¿cómo funciona lo de la fórmula? ¡Uy, pero si no nos lo han dicho!". La princesa consoló a Pedro: "Yo creo que lo que las florecillas querían decir es que ya nos enteraremos de la fórmula. Espera a que lleguemos a casa. Vamos a darnos prisa y a buscar el camino de vuelta. Estoy impaciente por probar enseguida el maravilloso olor de la florecilla mágica. Estoy completamente segura de que no voy a volver a mojar las sábanas y papá y mamá se van a alegrar muchísimo."

Muy poco después, los dos amigos llegaron a los lindes del bosque. En el sendero había dos indicaciones. Una señalaba hacia la derecha: "Al castillo" y la otra hacia la izquierda: "A la ciudad". Había llegado la hora de despedirse. "Pedro, eres un amigo fiel. Tenemos que visitarnos a menudo. Además, tengo mucha curiosidad por saber con quien hace efecto primero la fórmula. ¡Adiós! No quiero perder más tiempo. Tengo muchas ganas de llegar a casa." Y diciendo esto, la princesa salió corriendo hacia la derecha en dirección al palacio. Pedro agitó la mano durante un buen rato y después tomo el camino de la izquierda.

En casa de Pedro y en palacio reinaba una gran alegría. A los dos les empezó a remorder la conciencia cuando vieron lo preocupados que habían estado sus padres por su culpa.

Cuando, por fin, se fueron a la cama cansados, el ambiente de su cuarto se llenó con el delicado perfume de la flor. Y, como por arte de magia, sabían la fórmula de memoria:

"Florecilla mágica sé buena
y ayuda a que mi cama
amanezca seca como nueva."

Y así lo estuvieron repitiendo hasta quedarse dormidos.

A la mañana siguiente, la princesita comprobó contenta que las sábanas estaban completamente secas. Día tras día repetía la fórmula mágica antes de dormirse y, a la mañana siguiente, siempre que la cama amanecía seca, arrancaba un pétalo que inundaba la habitación de un maravilloso olor. La cama siguió amaneciendo seca durante muchísimos días y nuestra princesita volvió a ser feliz.

Ya casi no quedaban pétalos y el perfume iba desapareciendo poco a poco, pero la ayuda de la florecilla mágica ya no era necesaria. La princesita era capaz de no mojar la cama sin ayuda de nadie. El rey, la reina y toda la corte estaban orgullosos de su princesa y ya a nadie se le pasaba por la cabeza llamarla "princesita meona".

Para Pedro, todo transcurría de forma muy similar. También él repetía muy alto la fórmula mágica noche tras noche. Si a la mañana siguiente las sábanas aparecían secas, su mamá y él arrancaban juntos un pétalo de la flor. Y si alguna vez que otra mojaba la cama, lo que al principio sucedía de vez en cuando, mamá ya no se enfadaba con él porque sabía que las cosas iban cada vez mejor. Se alegraba muchísimo cuando Pedro conseguía no mojar la cama y se lo demostraba abiertamente. Después de tres o cuatro semanas había arrancado todos los pétalos de la florecilla, pero ya no le hacia falta más. La princesita y Pedro continuaron siendo amigos durante mucho tiempo.

Elena ha terminado de escuchar la historia y ahora también ella quiere tener una flor mágica. Coge una cartulina grande y pinta un tallo con muchas hojas verdes. Después un punto amarillo grande que es el centro de la flor. La cuelga en la pared al lado de su cama y, aunque parezca mentira, la mancha mojada cada vez es más pequeña con ayuda de la flor y la fórmula mágica. Las noches en las que Elena no se hace pipí son cada vez más numerosas. Cada mañana que la cama amanece seca pinta un pétalo de colores. La flor está cada vez más bonita. Elena está muy orgullosa y tiene motivos para ello. Su madre está igual de contenta y no repara en cumplidos. Cuando la flor está terminada, a Elena no le cuesta ningún trabajo mantener la cama seca. Sólo muy de vez en cuando echa mano de la fórmula mágica del cuento. Y dentro de poco ni siquiera la necesitará.

Consejos a los padres

Antes de tomar medidas por su cuenta y riesgo, es imprescindible que el niño sea reconocido por un psicólogo y un especialista.

En nuestra historia se han mencionado dos causas de la enuresis nocturna que aparecen frecuentemente y no tienen fundamento orgánico.

En el caso de la princesa, la enuresis es la consecuencia de la pérdida repentina de atención que se ha desviado hacia el bebé y del aprendizaje con un modelo: la niña presencia la espectación que despierta el cambio de pañales del bebé. Inmediatamente después, los padres y el servicio cometen un grave error al volver a convertir a la princesa en el centro de atención. Todos dan excesiva importancia al hecho de la enuresis, pero no profundizan en el problema del niño.

En el caso de Pedro se trata de una insuficiencia corriente de cariño y cuidado que la ocupada madre no es capaz de proporcionarle en la medida que él necesita. Cuando, gracias a la cistitis, recibe todo lo que ha ansiado hasta ahora, la enuresis tiene un efecto favorable incluso una vez que ha superado la enfermedad.

Esto no significa de ningún modo que los niños utilicen la enuresis conscientemente como instrumento para alcanzar lo que desean. En la mayoría de los casos, el comportamiento se aprende automáticamente tanto de la dedicación positiva como negativa.

Si el niño empieza a mojar la cama y el médico le confirma que no se trata de ninguna causa de origen fisiológico, observe previamente los siguientes puntos:

— ¿Qué problemas puede tener el niño?
— ¿Cómo reacciona usted ante la enuresis?
— ¿Con qué frecuencia moja el niño la cama?
— ¿Qué tamaño tiene la mancha húmeda?
— ¿Cómo transcurrió el día anterior a la enuresis?

Supongamos que ha descubierto de qué problema se trata. A partir de este momento lo más importante para el niño es su ayuda, en forma de conversaciones, juegos compartidos, cualquier tipo de dedicación positiva sin que su reacción se concentre en la enuresis. Un ejemplo para motivar al niño podría ser el siguiente: "Me imagino que tú eres el primero al que le gustaría mantener la camita seca. Seguramente te resulta desagradable la humedad. Podríamos intentar juntos que consigas, como los niños del cuento, no hacerte pipí por las noches. ¿Qué te parece si dibujamos una florecilla mágica? Por la noche, antes de dormirte, te concentras en la fórmula mágica. Si la fórmula ha surtido efecto, a la mañana siguiente podemos pintar de colores el primer pétalo de la flor mágica. Naturalmente, puede pasar que la fórmula no haga efecto inmediatamente. Si es así, no pasa nada. Dejamos el tema y cambiamos rapidamente las sábanas. Si sigues repitiéndolo todos los días antes de dormirte, seguro que empezará muy pronto a hacer efecto. También es un progreso si la mancha húmeda es más pequeña que otras veces y entonces puedes pintar una hojita verde en el tallo de tu flor mágica. Cada vez que hayas pintado un pétalo o una hoja verde, se lo enseñamos orgullosos al resto de la familia. Así podemos alegrarnos todos juntos."

Es decir, cada pequeño progreso que haga el niño debe

ser correspondido con mucho cariño, confianza en sí mismo y motivación. A los fracasos no se les prestará atención. La fórmula mágica refuerza la confianza en lograr el objetivo. El cerebro infantil almacena la información "seco" de tal forma que continúa haciendo efecto durante el sueño profundo. Recuerde:

A pesar de esta propuesta de entrenamiento, es necesario consultar a un especialista.

Si su hijo tartamudea

FLORIAN Y EL PAJARO CARPINTERO

Florian tiene cinco años, mejor dicho, está a punto de cumplir seis. El año que viene empezará a ir al colegio y en el jardín de infancia pertenece al grupo de los mayores. Vive con sus padres y con su hermana pequeña en una ciudad pequeña. Desde la ventana de su habitación puede ver el bosque. Florian podía ser un muchacho alegre y tener muchos amigos pero, en vez de eso, casi siempre está solo y decaído.

Todo empezó con el jardín de infancia. A Florian le gustaba mucho ir al principio. Le gustaban los niños, la señorita y los preciosos juguetes. Desde entonces han cambiado mucho las cosas. Ya casi no habla con la señorita ni con los demás niños y casi siempre está triste o enfadado. ¿Por qué será?

Florian tartamudea. Cuando aún no había cumplido los cuatro años, quería siempre contar entusiasmado a sus padres todo lo que acababa de ver o vivir en ese momento. Tal era su exaltación que pretendía contar muy rápido varias cosas a la vez y, claro, tropezaba al hablar y, a veces, no era capaz de decir una sola palabra. El no se había dado ni cuenta y tampoco le molestaba. No entendía por qué sus padres le decían, e incluso le advertían, que hablara más despacio y se tomara tiempo para decir las cosas. A veces, sus padres se impacientaban

113

y decían que Florian tenía que prestar más atención al hablar. Por desgracia, sus padres tenían siempre poquísimo tiempo porque también estaba la hermanita pequeña que no sabía hacer nada por sí sola y de la cual tenían que ocuparse.

A los cuatro años, Florian pudo, por fin, empezar a ir al jardín de infancia. Cada niño tenía que contar una pequeña historia, les había dicho la señorita. Cuando le tocó el turno a Florian, los demás niños empezaron a reírse. Cuando la señorita regañó a los demás niños y pidió a Florian que hablara más despacio, Florian se dio cuenta de que se habían reído de él. Los niños se burlaban: "¡Pero si está tartamudeando! ¡No sabe hablar como es debido!"

Desde entonces, Florian se atreve a hablar cada vez menos. A nadie le gusta hacer el ridículo. En casa, Florian prefiere mirar por la ventana, hacia el bosque, antes que charlar con sus padres. Con su hermana no puede ni quiere jugar. Con ella no se puede hacer nada. Cuando viene alguien de visita se queda encantado con la niña porque es muy inteligente, cariñosa y charla con todos. A Florian no le parece nada interesante que los mayores le pregunten cosas y prefiere no contestar. Sus padres sonríen entonces, algo avergonzados, y rapidamente toda la conversación vuelve a concentrarse en su hermana pequeña.

Cuando un buen día, Florian se asomaba una vez más a su ventana para contemplar el bosque, le pareció como si el bosque se hubiera transformado. Ya no daba esa sensación imponente de misterio como antes, los enormes abetos le resultan familiares como si fueran amigos. "¡Amigos, esto es justo lo que necesito!", piensa Florian. "El bosque siempre está ahí esperándome y nunca se ha reído de mí. Sí, el bosque es mi amigo."

Y, desde entonces, Florian va todos los días a visitar a su amigo el bosque. Pone nombre a los abetos: ahí está la gorda de Paula, la vieja Rosita, Flora la gigante y muchos más. Y no creas que el bosque es silencioso. Florian descubre miles de voces y sonidos: el susurro de los árboles, el zumbido de los insectos, el trinar de los pájaros, el croar de las ranas y unos golpecitos. Estos golpecitos vienen del pájaro carpintero que está enseñando a su hijo cómo extraer de la corteza del árbol los sabrosos gusanos. El pequeño golpea todavía algo vacilante. A Florian le gusta y comienza a imitar el sonido del carpintero joven: Tic-Tic-Tic, Toc, Toc, Toc. De repente se le ocurre una idea: "¡Voy a inventar un lenguaje de pájaro carpintero!" Y, de esta forma, saluda a los abetos en su "lenguaje de pájaro carpintero". En intervalos de tiempo iguales, mantiene el ritmo entrecortado: "¡Bue-nos dí-as, a-mi-ga Pau-la! ¡Bue-nos dí-as a-mi-ga Ro-si-ta! ¡Bue-nos dí-as a-mi-ga Flora! ¡Bue-nos dí-as a to-dos mis que-ri-dos a-mi-gos! Os voy a con-tar una co-sa. ¿Que-reis es-cu-char mi his-to-ria?"

A Florian le divierte muchísimo hablar en el lenguaje de pájaro carpintero y así charla durante horas con los abetos y les cuenta todo. Los abetos son atentos conversadores que saben escuchar, nunca se impacientan, ni se burlan de él ni le regañan para que hable más despacio. Esto último ni siquiera hubiera hecho falta porque al utilizar el lenguaje carpintero, Florian tiene que hablar despacio de todas maneras.

Todavía no os he contado una cosa: en el lenguaje de pájaro carpintero de Florian es imposible tartamudear. Lo único que hay que hacer es practicar mucho, como hace Florian contando todos los días sus historias a los abetos. La lengua carpintera es bastante difícil porque hay que hablar en ritmo, pero lo que pueda hacer Florian, seguro que lo puedes hacer tú.

Al principio, a Florian le costaba trabajo pronunciar algunas consonantes pero, como ya hemos dicho, se trata de unos abetos muy pacientes y ninguno le corrige o le interrumpe, cada día le sale mejor. En casa no menciona nada acerca de sus conversaciones diarias con los abetos. Deben permanecer siendo su secreto aunque, muy de tarde en tarde, cuando le vuelve a costar trabajo hablar porque alguna palabra no quiere dejarse pronunciar, entonces dice la frase en la lengua carpintera. Muy despacio y manteniendo siempre el ritmo. Y de verdad que funciona.

Los padres no se dan cuenta de que Florian utiliza este truco, sólo notan que su hijo habla mucho más que antes y tartamudea menos. Sus cumplidos son muy importantes para Florian. Respira hondo y hasta charla con los amigos de sus padres porque sabe que, en caso de emergencia, puede confiar plenamente en su lengua carpintera.

Un buen día, levanta el auricular cuando sonaba el teléfono. Es un vecino que quiere comunicar algo muy importante a su padre y pide a Florian que se lo transmita exactamente. Florian le cuenta a su padre todo lo que le ha dicho el vecino. Su padre está muy contento y le dice: "¡Qué alegría tener un hijo tan inteligente! Eres una gran ayuda." "Esto no hubiera sabido hacerlo mi hermana pequeña", piensa Florian.

Florian es un muchacho fiel que no olvida a sus amigos. Sigue visitando a los abetos y les cuenta historias aunque ya casi nunca tiene que utilizar la lengua carpintera, sólo con alguna palabra especialmente difícil.

Consejos a los padres

Muchos niños empiezan a tartamudear repentinamente a los cuatro años. A esta edad, el niño está en una fase en la que ha descubierto la lengua y desea expresar muchas cosas a la vez. El problema es que la competencia lingüística no está adecuada a la intensidad de las ideas y a la necesidad de expresarlas y, por esta razón, el tartamudeo es un fenómeno ligado al crecimiento en esta fase que desaparecerá sin más siempre que los padres se comporten debidamente.

El primer mandamiento es escuchar con paciencia y no interrumpir nunca a un niño que tartamudea. Tampoco sería correcto acabar de decir una palabra por él. Para determinar el ritmo fonético y ofrecer al niño un comportamiento lingüístico alternativo, conviene recitar con el niño versos o poesías cortas. De este modo, alcanzará mayor seguridad al hablar.

A esta edad, el niño no se da cuenta, al principio, que está tartamudeando. Si se le advierte o regaña a causa de su forma de hablar, lo único que percibe es la impaciencia de los adultos, se vuelve inseguro y nervioso y tartamudea aún más. También las situaciones conflictivas, problemas personales como los celos, el creerse perjudicado o no poder cumplir con las exigencias que se le imponen y, por último, las inevitables reacciones de su entorno (jardín de infancia o colegio) pueden llegar a irritar al niño de tal forma que el tartamudeo propio de dicha fase de crecimiento se convierta en un defecto/inseguridad lingüístico permanente. Alcanzado este punto, no basta con ignorar el defecto y practicar conjuntamente el hablar más despacio. Existe el riesgo de que el niño, condicionado por la inseguridad lingüística, adquiera miedos sociales adicionales, como por ejemplo, que tenga dificultades para ir a la compra, tenga miedo de hablar por teléfono, quiera hablar cada vez menos con amigos o extraños, etc...

El niño necesita un ambiente de confianza en el que tenga la sensación de que es aceptado y reconocido en toda su persona por toda la familia. Es su obligación hablar abiertamente con el niño de sus problemas. Aun cuando el niño no se dé cuenta aparentemente de que tartamudea, es decir, aunque lo niegue conscientemente y asegure: "Ya me he acostumbrado a tartamudear. No me molesta nada." En estos casos, los padres evitan hablar del tartamudeo como si se tratara de un defecto.

¿Cómo podría transcurrir una conversación sincera de este tipo con el niño?

"Me doy cuenta de que, a menudo, te resulta difícil pronunciar alguna palabra. Me imagino que te molesta tartamudear. Seguro que habrá habido incluso algún niño tonto o gente que se hayan reído de ti. Probablemente te habrá resultado bastante desagradable." (Comprender la situación del niño e interpretar sus sentimientos)

"Si quieres, podemos encontrar juntos una fórmula que ayude cuando quieras hablar. Podemos empezar desde ahora mismo a hablar sin tartamudear en casa y practicar hasta que te salga igual de bien delante de los demás. ¡Veras la cara que van a poner todos!" (Ofrecer ayuda y expresar optimismo).

"Todos los días, pensamos en una hora para sentarnos tranquilos y entonces empezamos con la "lengua del pájaro carpintero". Si te resultara difícil hablar en compás, ponemos un metrónomo para ayudarte. El metrónomo es un aparato que utilizan los niños cuando aprenden a tocar el piano. ¡Seguro que vas a aprender muy rápido la lengua carpintera! Y cuando empieces a dominar la lengua carpintera en compás, lo intentamos sin metrónomo. Todos los días practicamos un ratito. Aunque también podemos realizar los ejercicios de una forma más divertida. Si quieres, podemos inventar un juego: cada vez que digas una frase entera bien, te ganas una ficha. Al final de cada ejercicio escribimos en la "hoja del vencedor" el número de fichas que has ganado. ¡Me muero de ganas por saber cuántas fichas vas a ganar!" (Explicar el transcurso del entrenamiento y motivar al niño).

Cada progreso se premiará con una ficha de juguete y se destacará inmediatamente con un cumplido. Si el niño ya es capaz de hablar en compás sin tartamudear, déjele hablar un par de frases sin compás. Antes de iniciar este ejercicio, el niño establece una señal neutra (movimiento de cabeza, pitos con los dedos, ¡no utilizar señales verbales!) que se aplicará si empieza a tartamudear al hablar libremente. La señal tiene por objeto que el niño deje de hablar libremente y pase de nuevo a hablar en compás y evitar, de esta forma, el tartamudeo.

El número de frases y la frecuencia con la que el niño hable libremente, se irán aumentando constantemente con cada progreso que realice, hasta conseguir que no hable apenas en compás durante los ejercicios. El carácter desenfadado del entrenamiento (fichas de juguete, cumplidos, inscripciones en la "hoja del vencedor") es algo que debe mantenerse.

Cuando el niño haya conseguido una cierta seguridad lingüística y confianza en sí mismo, gracias a estos ejercicios, puede ir haciendo desaparecer estas sesiones de entrenamiento. El juego se prolongará durante algún tiempo con algunas variaciones. Los ejercicios se extenderán, de ahora en adelante, a períodos de tiempo más frecuentes:

— Hablar durante el desayuno
— Hablar durante la comida
— Hablar durante la merienda
— Hablar durante la cena

El niño no recibe fichas, pero los cumplidos siguen siendo muy importantes. Si empieza a tartamudear, haga inmediatamente la señal acordada para que vuelva a hablar en compás de nuevo. En otra hoja se irán apuntando los nuevos períodos establecidos. Los intervalos se extenderán hasta considerar todo el día como período para hablar sin tartamudear. En este punto, la hoja de éxitos se hace innecesaria.

Si su hijo no quiere comer

EL RATON TRAGON

Beatriz está jugando con la comida. El bocado que tiene en la boca pasa de un carrillo a otro.

Su madre le advierte: "¡Venga, come de una vez!" Beatriz: "No quiero."

Su madre: "¡Hay que comer lo que está en el plato!" Beatriz: "¡No puedo más!"

Su madre: "¿Tengo que darte yo la comida, como a un bebé? ¡Venga, uno por mamá, venga traga de una vez!" "¡No puedo, no puedo!", llora Beatriz mientras sale corriendo para su habitación. Allí oye de repente un ruido.

Soy el ratón y vengo a ayudarte.
No quiero que estés triste y
derrames lágrimas como un cisne.

Beatriz está encantada con este ratoncito tan mono. "¿Y tú de dónde sales?"

Hace tiempo que habitamos en la casa,
el papá, el bebé y la mamá ratón.
Ya sabemos que no te gusta comer
y que tus padres no saben qué hacer.
Cuando no quieras comer más,

díselo al ratoncito sin más.
Yo iré deprisa para ayudarte
saldré de mi agujero para consolarte.

E igual de rápido que había aparecido el ratón, desaparece en su agujero. Beatriz tiene muchas ganas de ver de qué manera le ayuda el ratón. Casi no puede esperar a la hora de comer.

Por fin llegó el momento. La cena está puesta sobre la mesa. "¡Puf!", se encoge Beatriz, "Pan con queso. No me gusta el queso", y así empieza el teatro de todos los días. En ese mismo instante, Beatriz oye la vocecita del ratón.

Soy el ratón y he venido a ayudarte.
¿Cómo puedes decir que no te gusta el queso?
Regálaselo a la familia ratón.
No pongas esa cara. El queso es
nuestra comida más preciada.
Tíralo por debajo de la mesa.
¡Uy, qué bien huele, muchas gracias!

Al día siguiente hay pescado de comida. "¡Puf, que asco, pescado. A mi no me gusta el pescado!" La madre le responde severa: "El pescado es muy sano, come para que te hagas fuerte y mayor." "No me gusta."

Soy el ratón y he venido a ayudarte.
Venga, tira el pescado por debajo de la mesa,
el pescado le gusta hasta a mi hermana Teresa.

Así ocurre todos los días a partir de entonces. Beatriz está encantada de que el ratón le ayude. Sin embargo, poco a poco empieza a sentir hambre. Menos mal que están las galletas y el chocolate. El estómago le suena de hambre, por eso,

Beatriz se va a la cocina a buscar las galletas. Pero, ¿qué pasa aquí? Ya no queda ni una galleta. Alguien se las ha tenido que comer. "Bueno, no importa, todavía me queda el chocolate. Anda, pero si también ha desaparecido." Desilusionada y muerta de hambre, se va a la cama. Casi no puede dormir. El estómago vacio la despierta una y otra vez.

A la mañana siguiente, Beatriz ya come algo más que otras veces, pero sigue tirando por debajo de la mesa las cosas que no le gustan.

El hambre se hace cada vez mayor. "Estupendo, mamá ha comprado galletas. Voy a la caja a coger unas cuantas. ¡Horror! La caja está completamente vacia." Por el suelo quedan todavía algunas migas. Beatriz sigue las huellas y mira por donde, terminan justo en el agujero del ratón. "¡No hay derecho! ¿Así que ésta era tu ayuda? Y yo que creía que eras un ratón amigo. Tengo hambre, me muero de hambre."

Soy el ratón y he venido a ayudarte.
Ah, ¿tienes hambre has dicho?
El ratón te entiende muy bien
nuestro estómago suena y resuena también.
Ahora escucha bien lo que te voy a decir:
yo te estoy ayudando desde hace días
y estoy guardando la comida para ti,
bueno, algún que otro bocado ha sido para mí.
Las galletas te las puedes comer
ahora bien, antes deberás saber
lo que es el queso, el pescado
las espinacas y el mantecado.
Come y verás cómo te sentirás mejor.
Nosotros los ratones entendemos
de nuestra profesión.
Come siempre pequeños bocados
y si una vez no puedes más, déjalo a un lado.

Las golosinas mejor las dejas
a lo mejor viene el ratón y se queja
comiéndose todas las cosas que te gustan
incluyendo hasta las tejas.
El hambre es un duende malo
que te pincha y te deja débil cual palo.
Piensa siempre que es mejor comer
para que el estómago deje de doler.
Después de comer todo puedes hacer
lo que mejor le venga a tu parecer.
Jugar puede ser una cosa
y divertirte con tu amigo el ratón
a cazar las mariposas.
No te olvides de repetir lo que
este pequeño ratón te ha querido decir.

Beatriz cuenta a sus padres la experiencia que ha tenido con el ratoncito. "¿Sabes una cosa?", le dicen alegres sus padres. "Te vamos a ayudar a ti y al ratón. Cada vez que sigas comiendo lo que está en el plato, diremos "bravo" y pondremos una nuez al lado de tu plato para el ratón. Cuanto más comas, más nueces podrás llevar a tu amigo. Si no puedes acabar con todo, no te vamos a regañar. Pero las golosinas sólo las podrás comer, como te ha dicho el ratón, cuando hayas comido suficiente de lo demás."

¿Qué es lo que tú crees? ¿Habrá podido llevar Beatriz muchas nueces a su ratón? Claro que sí. Muchísimas. Desde entonces tampoco ha vuelto a jugar con la comida en el plato. Y es que ella sabe que el ratón le está esperando para jugar con ella a divertidos juegos.

Consejos prácticos a los padres

La educación para comer correctamente comienza con los primeros meses. El niño debe comer siempre a las mismas horas, en un ambiente tranquilo, sin prisas ni agobios. Las comidas que el niño no conoce, sólo se darán poco a poco y cuando tenga hambre, nunca cuando ya esté satisfecho.

Si el niño se niega a comer una vez, no le monte ningún teatro. No le demuestre que está enfadada o incluso preocupada. Si el niño se da cuenta de la importancia que supone la comida, puede utilizarlo para presionarla. Comer debe ser un proceso natural y valorarse como tal.

La premisa es la siguiente: se puede comer, pero no es una obligación.

Su hijo tiene el derecho, como el resto de los adultos, a rechazar determinadas comidas. Si, por el contrario, se le obliga a tragarse dichas comidas, pronto desarrollará un rechazo no sólo contra esa comida, sino contra toda comida en general. Si el niño no tiene hambre y se le obliga a comerse todo lo que hay en plato, puede llegar a producirse el mismo efecto. La comida nunca debe experimentarse como un castigo.

En caso de que el niño juegue con la comida con desgana, no le exija que se dé prisa ni le regañe por ello. Pregunte al niño, únicamente a título de información, si quiere seguir comiendo. Si se niega, retírele el plato sin demostrar emoción alguna. Si, pasado un rato, el niño se queja de que tiene hambre, no se le ocurra darle una merienda o un plato especial y mucho menos golosinas. Indíquele la hora de la siguiente comida. El niño debe acostumbrarse a un rítmo de comidas. Debe aprender a tomar el alimento que necesita en las comidas. Esperar a la comida siguiente no debe implantarse como una consecuencia negativa porque no ha querido comer. Tampoco ponga al niño los restos de la comida que no ha querido como castigo. El rechazo podría convertirse en aversión.

Si el niño no tiene apetito ninguno, debe de recurrir, como es natural, a la ayuda de un médico. En el caso de que no existan causas fisiológicas y el niño siga poniendo obstáculos para comer, comente con él un programa de entrenamiento:

"Te vamos a ayudar con la historia del ratón. Cada vez que te hayas tomado un bocado, te ponemos algo al lado del plato. Si has comido lo suficiente y no puedes más, no necesitas terminarte todo lo que esté en el plato. En la próxima comida será mejor. Ya sabes que no va a haber golosinas entre horas. Bueno y ¿qué prefieres que te pongamos al lado del plato? Nueces, como en la historia, no se pueden tener siempre a mano. Pero, si quieres, te podemos poner fichas. También podemos construir o pintar un ratón para que tengas un amiguito mientras comes. Las fichas que has ganado las podemos cambiar por nueces para el ratón. Podemos hacer las nueces con papel o pintarlas al lado del ratón. ¿Qué es lo que más te gusta?"

Todo este entrenamiento es necesario para que el niño experimente la comida como una situación positiva. Se le motiva para que coma, pero no se le obliga. La continuación del juego después de la comida tiene un efecto adicional y fomenta el estar juntos en familia.

Si su hijo no quiere quedarse
en el jardín de infancia

GUILLERMO Y SU OSITO
DE PELUCHE

"¡Mamá, quédate aquí, no te vayas!", lloriquea Guillermo. "No me quiero quedar en el jardín de infancia." La madre intenta consolarle: "Enseguida vengo a recogerte otra vez. Aquí hay juguetes muy bonitos y muchos niños buenos. Venga, no llores. Aquí te lo vas a pasar mucho mejor que en casa."

Pero Guillermo se sienta en una esquina y llora. Cuando su madre vuelve para recogerle, no ha jugado en todo el día. Al día siguiente, incluso empieza a llorar en casa y durante todo el camino al jardín de infancia.

Guillermo todavía no sabe lo divertido que puede ser el jardín de infancia y lo que disfrutan otros niños jugando allí. Como se pasa el día llorando, no se da cuenta de que aquí hay un rincón grande de muñecos con una cocinita de muñecas, también hay un cajón lleno de construcciones con piezas grandes, pequeñas, amarillas, verdes y azules, puzles de madera, coches de carreras y camiones, pinturas de varios tipos, libros con dibujos y muchas cosas más. Tampoco ve nunca cómo se ríen los niños cuando juegan unos con otros y nunca escucha las bonitas historias que cuenta la profesora.

Una vez en casa, Guillermo quiere ponerse a jugar con su

osito de peluche Teddy, pero Teddy tiene la carita triste y refunfuña: "Déjame. Esto es un aburrimiento. Siempre quieres jugar a lo mismo. No conoces ningún juego divertido." Guillermo se enfada con su osito y piensa: "Bueno no importa, entonces juego con mis construcciones." Pero las construcciones tampoco se dejan colocar unas encima de otras. Tampoco ellas quieren jugar con Guillermo. Entonces, coge sus pinturas para pintar un dibujo bonito. Las pinturas se deslizan de sus manos y no consigue ni hacer un garabato. "Bueno, pues tendré que jugar con las pistas para coches." "Brmmm, brmmm", hacen los coches, pero las ruedas no se mueven del sitio. "Entonces, voy a ver el programa de niños en la televisión." "Ploc", hace la tele y no sale ninguna imagen. Guillermo deambula por la casa y no sabe cómo entretenerse él solo. "A lo mejor quiere mamá contarme un cuento." Pero, claro, mamá tiene muchísimo que hacer y no puede entretenerse con él.

Cuando mami sale a la compra, Guillermo, que ya está realmente aburrido, quiere acompañarla. Por el camino, se encuentran con Julia. Julia va desde hace unos meses al jardín de infancia. "¿Qué es lo que te pasa, por qué tienes esa cara de enfadado?", le pregunta a Guillermo. "¡Uf, estoy aburridísimo. No tengo con qué jugar." "¿Cómo? ¿Que no tienes juguetes?" "Claro que tengo algunos", contesta Guillermo un poco avergonzado, "pero no quieren jugar conmigo." "¡Qué extraño! No lo entiendo. A mí no podría sucederme una cosa así porque voy al jardín de infancia", comenta Julia orgullosa. "A mí no me gusta ir al jardín de infancia, prefiero quedarme en casa", dice Guillermo cabezota. "¡Qué tonto eres. Allí se juega a los juegos más bonitos. ¿Conoces quizá el juego de "Deja que se marchen los ladrones" o "La vaca ciega" o "El rey manda los soldados a luchar"?" "No, creo que no. ¿Se puede jugar a estas cosas en casa?" "Ja, ja ,ja. Naturalmente que no. Esto es precisamente lo divertido del jardín de infancia, que solamente allí puedes jugar a miles de juegos nuevos. ¿Sabes una cosa? Tengo una idea. Ven a visitarme mañana en el jardín de infancia. Naturalmente no puedes ponerte a llorar y si no te gusta puedes volver a marcharte."

Con su osito de peluche bajo el brazo, Guillermo va a ver a Julia al día siguiente en el jardín de infancia. La madre se queda afuera esperándole. Así, claro que no tiene miedo y, la verdad, es que tiene curiosidad por saber qué pasa. ¡Qué sorpresa cuando ve la cantidad de juguetes! Ayer con tanto llorar, no se había dado cuenta de nada de lo que ocurría alrededor. Los niños empiezan a confeccionar graciosos muñecos con retales de colores. "¡Venga, no te quedes ahí parado y recorta tú también!", le anima Julia. "Cuando hayamos acabado, la señorita nos contará una historia emocionante." Como Guillermo sólo ha venido al jardín de infancia de visita, el tiempo se le acaba. Mamá no puede estar esperándole tanto tiempo. "¡Qué pena, me hubiera gustado quedarme un ratito más!". Su osito de peluche refunfuña en señal de afirmación.

Una vez en casa, Guillermo sigue pensando en la simpática señorita y en todos los niños. ¿A que puede jugar ahora con su osito? El tiempo no ha sido suficiente para aprender juegos nuevos. Teddy está decepcionado y se retira de morros en su cajón. Guillermo le hace una promesa: "Mañana me voy a quedar más tiempo en el jardín de infancia y, después, seguro que puedo enseñarte cosas nuevas."

Y, efectivamente, al día siguiente Guillermo dice a su madre que no le espere. El sabe que volverá más tarde a recogerle: "No necesitas venir a buscarme hasta después de una hora. La señorita nos ha prometido que hoy podemos disfrazarnos. Me gustaría muchísimo quedarme para hacerlo." La señorita llega cargada con un montón de periódicos, lápices de colores y retales de cortinas viejas. Julia exclama entusiasmada: "Con las cortinas me voy a hacer un traje de princesa." "¿Y tú, Guillermo?", pregunta la señorita sonriendo. "¿Tú que vas a hacer?" "Yo voy a coger el papel de periódico y voy a hacer unos gorros para mi osito y para mí. Con las cintas rojas nos hacemos corbatas". Rápidamente y con gran entusiasmo, se ponen los niños manos a la obra. Guillermo ya casi ha terminado pero, en ese momento, viene su madre a recogerle. "¿Ya nos tenemos que marchar? Por favor, déjame quedarme hasta que los demás niños se vayan. Me gusta mucho estar en el jardín de infancia. Quiero ser un niño como los demás." Su madre está encantada de que Guillermo se haya vuelto tan listo y le deja seguir jugando.

En casa vuelve a jugar a los disfraces con su osito de peluche Teddy. Se pasa toda la tarde entretenido. Cada vez se le ocurre un disfraz diferente. Una vez disfraza al osito de caperucita roja, después de brujo, de hada madrina, luego otra vez de rey y, finalmente, de títere. Cansado y feliz, el osito se queda dormido en el cajón con su gorro de títere.

Al día siguiente, se organizan carreras en el patio del jardín de infancia. Aquí no puede acompañarle su osito Teddy pero no le importa porque ahora sabe que Guillermo le va a enseñar cada día nuevos y divertidos juegos. Y, por eso, le espera con mucho gusto. El osito y todos los demás juguetes están muy contentos de que Guillermo se haya vuelto tan sensato.

Consejos a los padres

Si su hijo tiene miedo a la separación, es conveniente, antes de llevarle la primera vez al jardín de infancia, darle la confianza de que usted, pase lo que pase, volverá pronto a recogerle. Sin embargo, la seguridad de que mamá vuelve enseguida y de que no le va a suceder nada malo, no suele ser suficiente. El niño debe experimentarlo por sí mismo. Si tiene miedo, no intente convencerle con buenas palabras. Tampoco le obligue a vencer el miedo. Acostúmbrele lentamente a pasar intervalos de tiempo cada vez mayores sin usted.

El primer ejercicio puede consistir, por ejemplo, en que usted proponga al niño lo siguiente: "Me voy a esperar unos minutos delante de la puerta de casa. ¿Te apetece hacerme una torre hasta que yo entre? Después entro en casa y yo me alegro mucho por la sorpresa que me has dado tú solo." El segundo ejercicio puede ser: "Voy a bajar la basura y a ver si ha venido el cartero. Vengo enseguida y cuando vuelva me cuentas todo lo que has hecho." Los intervalos de tiempo se irán prolongando cada vez más. No hace falta mencionar que no es conveniente dejar a un niño en edad preescolar solo en casa sin una persona a su cuidado.

Cuando vaya a inscribir al niño al jardín de infancia, aproveche para enseñarle las aulas y los juguetes que hay allí, sin darle excesiva importancia. Después puede visitar un par de veces por poco tiempo el grupo de niños en el que va a entrar. No le fuerce o insista a que juegue inmediatamente. Sólo cuando note que el niño muestra interés, anímele a unirse a los demás. El niño tiene el derecho a disponer de tiempo para acostumbrarse a la nueva situación. La separación de su entorno habitual y el ambiente nuevo pueden agobiarle excesivamente.

Tras la primera fase de integración, deje al niño solo con el resto del grupo durante algún tiempo. Pero nunca sin informarle a él antes. Usted, por ejemplo, puede charlar mientras tanto con la señorita. Después, vuelva a dirigirse hasta donde está el grupo, pero manténgase en un segundo plano. Vaya alejándose poco a poco. Una desaparición repentina puede causar un trauma al niño. Un jardín de infancia, llevado con buenas ideas pedagógicas, aceptará sin problemas esta integración paso a paso del niño a la nueva situación.

También sucede con frecuencia que el niño se sienta bien en el jardín de infancia pero lloriquea en casa porque no quiere ir. En este caso, no es necesario argumentar demasiado. Acepte la negativa, de momento, pero no profundice demasiado en el tema. Desvíe la atención del niño a las vivencias positivas que experimenta en el jardín de infancia. Haga hincapié en su interés por escuchar todo lo que ocurre en el jardín de infancia y las ganas que tiene de saber lo que pasará ese día. Si el niño sigue lloriqueando, no le preste más atención. ¡No ceda! La época del jardín de infancia es un entrenamiento importante para el colegio.

EL PAYASO CON LA NARIZ
DE BOCINA

Al principio, a Ricardo no le gustaba ir al colegio porque ningún amiguito suyo del jardín de infancia estaba con él en la clase. Los demás niños eran desconocidos y apenas si hablaban con él. Y claro, así totalmente sin amigos, se sentía solo e inseguro.

Desde hace algunas semanas, todo ha cambiado: Ricardo llama la atención de los demás niños. Todo empezó cuando un día la señorita le hizo una pregunta para la que no se le ocurría ninguna respuesta. Todos los niños tenían la mirada fija en él. Estaba tan apurado que lo único que se le ocurrió fue empezar a hacer muecas y, como tampoco quería quedar como un bobo delante de sus compañeros de clase, soltó sencillamente una gracia. Toda la clase estalló en carcajadas. El hecho de que la profesora se enfadara, apenas le molestó. Lo que más le importaba era que los niños se reían y, gracias a eso, creía él, le aceptaban por fin.

Ricardo ya no se siente solo en el colegio. Desde que dijo aquella broma tan lograda, no ha dejado de decir gracias. Su intención es conseguir que los demás se rían cueste lo que cueste. Pero ya son pocos los niños que se divierten; a la mayoría, le aburren las bromas de Ricardo. Pero de esto no se da cuenta Ricardo. El sigue pensando que es el más divertido de la clase. Pero, en realidad, no es más que un revoltoso agua-fiestas.

Un buen día, la profesora les anuncia que van a ir todos juntos al circo. Los niños están encantados con la idea de visitar ese espectáculo.

Por fin ha llegado el momento. Han tenido una suerte enorme de que la profe sacara las entradas con tiempo, porque ahora tienen los mejores sitios en la primera fila.

La orquesta toca la marcha de entrada y una alegre comitiva hace su aparición. Los acróbatas entran en la pista andando con las manos, otros hacen el recorrido dando volte-retas, caballos engalanados galopan en circulo, perros disfra-zados trotan despacito sobre dos patas, un burro entra dando divertidos saltos, detrás de él entran los payasos revolcándo-se por la pista y el tonto de Antonio se tropieza constantemente con sus enormes zapatos.

Y ahora el elegante director del circo da la bienvenida a todos los espectadores y anuncia el primer número. Un adies-tramiento de leones. Ricardo está ensimismado viendo cómo los leones saltan por el aro. Los animales grandes le causan un enorme respeto. Cuando el número ha concluido, respira ali-viado de que los leones hayan obedecido tan bien al domador y no haya sucedido nada.

Después de este emocionante número, entran en la pista los payasos. Los niños empiezan a reír. Ricardo quiere darse importancia y comienza a imitar todas las bromas. Los niños no se dan cuenta de lo que está haciendo Ricardo. Sólo prestan atención a lo que está pasando en la pista.

Pero a un payaso, especialmente gracioso, con un som-brero negro diminuto y una nariz grande, redonda y colorada como un tomate que empieza a sonar cada vez que el payaso quiere sonarse los mocos, a él sí le llama la atención las tonte-rías que hace Ricardo.

De repente, el payaso grita a Ricardo: "¡Ay, mira, un

colega nuestro! Señor, quiere hacerme el honor de venir a la pista? Acompáñenos para que todos puedan admirar sus bromas."

Ricardo se asusta. Le da un poco de vergüenza, pero también está orgulloso de que el payaso se haya fijado en él. Así que baja a la pista. "Si no me equivoco, tú eres un gran bromista. ¡Enséñanos a todos lo que sabes hacer!", le anima el payaso divertido. A Ricardo no se le ocurre nada verdaderamente divertido en ese momento. Lo único que hace es repetir todas las payasadas que suele hacer en la clase, hace muecas, le pone las orejas de burro al payaso y dice una tontería cualquiera pero nadie se ríe.

Entonces grita una niña: "¡Que continúen los payasos! Ese chico no tiene ninguna gracia, ni siquiera es un tonto de capirote!" Entonces, algunos chicos se ponen incluso a silbarle. Otros le gritan: "¡Vuélvete a tu sitio y deja de molestar!"

Rojo como un tomate, a punto de saltársele las lágrimas, Ricardo está como petrificado en la pista. Por fin, el payaso se compadece de él y quiere ayudarle a distraer su atención. "Damas y caballeros, les ruego un momento de silencio. A continuación les voy a ofrecer, yo, el mayor trompetista de todos los tiempos, la canción "Hermano Martín" en la trompeta. ¡Todos a cantar!"

El payaso hace una reverencia tan grande que su enorme nariz roja llega a chocar contra el suelo e inmediatamente empieza a sonar como una bocina. "¡Socorro, deja ya el concierto, nariz chalada! Con el bocinazo no puedo tocar la trompeta." Pero la nariz sigue y sigue sonando. El payaso tira de la nariz, la aprieta para pararla, pero lo único que consigue es que suene todavía más alto. El payaso y su nariz tienen tanta gracia que Ricardo olvida completamente la vergüenza de unos minutos atrás y se ríe a carcajadas con los demás niños. Cuando el payaso se da cuenta de que Ricardo ha vuelto a sonreir le pide que toque dos veces las palmas para ver si, por casualidad, esta horrible nariz obedece al chico. Ricardo toca fuertemente las palmas y, efectivamente, la nariz deja de sonar por fin.

"Muchas gracias, compañero. Ahora sí que podemos por fin empezar con el concierto de trompeta." El payaso pone a Ricardo una trompeta pequeña en la mano. "Por favor, dame el tono." Ricardo sopla por la boquilla con todas sus fuerzas pero, en vez del tono, sale volando confeti de la trompeta. Ricardo está cubierto con confeti de colores de los piés a la cabeza. Todos se ríen de la gracia y ya nadie se burla de Ricardo. "Ahora eres un auténtico payaso, porque sigues las bromas sin pretender ser tú el centro de atención", le susurra al oído el payaso con una sonrisa en los labios. "Bien, y ahora todos a cantar "Hermano Martin" y yo a tocar la trompeta." El payaso marcha alegre por la pista con Ricardo detrás. De esta forma acaba el número y a todos les ha gustado la representación.

Al día siguiente, en el colegio, la profesora llama a Ricardo en el recreo. "Con la broma del confeti, que logró sacarte de la situación desagradable, se me ha ocurrido una idea. Después de cada hora que no hayas hecho tonterías, te pego confeti en un cuaderno, es decir, un punto de color. Cada vez que hayas conseguido diez puntos de colores, puedes elegir una tarea de honor. Tus compañeros de clase también pueden tomar parte en nuestro juego, como es natural. Si dejan de reírse de tus tonterías y admirarte por ellas, si tú consigues ser un buen compañero y prestar atención como ellos, entonces podréis, por ejemplo, decidir a donde vamos de excursión la próxima vez. Tú no querrás volver a pasar la vergüenza de ayer, ¿verdad? Ya verás como es mucho más bonito que los demás te quieran como tú eres a que se rían de ti."

Ricardo da su aprobación inmediatamente.

¿Cuántos puntos de colores crees que puede haber ganado hasta ahora? Te lo voy a contar. Como Ricardo ha dejado de ser el bromista tonto de la clase, su cuaderno parece como si hubiera caído una lluvia de confeti.

Consejos a los padres

Cuando los compañeros de clase encuentran divertido un comentario cualquiera de uno de ellos, para el interesado constituye una vivencia especialmente estimulante. El niño disfruta destacándose en el grupo de compañeros y llamando la atención. Experimenta la risa como una dedicación positiva. La advertencia consiguiente del profesor no tiene ni de lejos la misma influencia que la resonancia recibida del grupo inmediatamente.

En la mayoría de los casos, estos "payasos de la clase", son niños que no cuentan con la plena aceptación de sus compañeros, que apenas tienen amigos. El llamar la atención es, presumiblemente, la única salida que tienen para lograr una mayor atención. Su comportamiento molesto en clase les garantiza el interés de sus compañeros.

Tampoco servirá de mucho intentar convencerle en casa de que es importante no hacer tonterías en la clase, aunque el niño se muestre comprensivo. Lo importante es la colaboración entre los padres y el profesor. El profesor tratará el problema con el niño en cuestión y, con su aprobación, instruirá a los demás niños y pedirá su colaboración. Estos procurarán reprimir, en lo posible, la risa cada vez que la clase sea interrumpida con alguna tontería.

Es importante tener en cuenta la necesidad del niño de ser reconocido de alguna forma, por un lado, y de tener una posición importante dentro del grupo, por otro. El profesor habla con la clase y les comunica que, a partir de ese momento, va a tener especialmente en cuenta la atención y la colaboración de cada niño y les va a demostrar su satisfacción por ello en forma de elogio o de gestos (sin hacer uso de favoritismos). Como todos conocen la especial dificultad del alumno en cuestión, su atención en clase deberá valorarse más de lo normal. Este logro se premiará como corresponde, al igual que todo mérito especial de cualquier otro alumno.

Después de cada hora, el niño presentará su cuaderno de apuntes, en el que el profesor escribirá su firma o pegará un punto de colores. Esta atención supone un reconocimiento para el niño y, al mismo tiempo, información para los padres, y les ofrece la oportunidad de reafirmar el elogio una vez más. Si el niño ha vuelto a molestar en clase, no habrá reacción por parte de padres o profesores. En el transcurso de las horas siguientes, se volverá a motivar al niño.

Es importante que el profesor no olvide demostrar a los niños, mediante gestos o elogios, que se da cuenta de sus esfuerzos. Para algunos principiantes supone demasiado trabajo perseverar hasta el final de la hora. Necesitan una reafirmación en intervalos de tiempo más cortos.

La preocupación de algunos profesores de que los demás niños puedan volverse celosos con una acción dedicada a un niño en especial, carece de fundamento. Si el profesor ha estimulado a los demás alumnos debidamente para que colaboren y sabe destacar dicha colaboración, los niños aceptan completamente este favoritismo momentáneo de una persona. Se trata de alcanzar un comportamiento de compañerismo y no los celos. El hecho de destacar los comportamientos positivos conlleva, por otro lado, a que los demás niños tomen ejemplo del niño en cuestión, es decir, se esfuercen también ellos mismos (aprender del modelo, ver página 13). El reconocimiento por parte del profesor es, en estos casos, de especial importancia.

Cuando su hijo es objeto de burlas

ENANO, BARRILETE Y FIDEO

Erase una vez un niño que era tan pequeño, tan pequeño que todos le llamaban enano. Los vecinos le llamaban enano, el panadero de la panadería a donde iba a buscar el pan le saludaba siempre "¡Hola enano!", los niños decían al verle pasar "¡Mira, por ahí va el enano!", ni siquiera su profesor sabía llamarle de otra forma que no fuera enano. Esto entristecía terriblemente al pequeño.

Un buen día, en el que enano iba dando un paseo por el parque, se fijó en otro niño que, sentado en un banco y tapándose la cara con las manos, lloraba desconsoladamente. Enano se compadeció del niño desconocido y decidió acercarse para consolarle. "No creo que se le ocurra hacerme burla enseguida", pensó para sus adentros. Se armó de valor y preguntó: "¿Por qué lloras de esa manera? ¿De dónde eres? No te he visto nunca hasta ahora."

El niño desconocido levantó la cabeza asustado. "¿Estás hablando conmigo de verdad? ¿No piensas hacerme burla por lo gordo que estoy?" En ese momento, enano se dio cuenta de que el niño desconocido tenía la cara regordeta y casi era tan ancho como alto, pero hasta ese instante, ni se había fijado. "¡Uy!, pues ni me había dado cuenta. A mí sólo me había preocupado verte llorar de esa forma." "Eso es precisamente lo que me pasa. Lloro porque los demás niños siempre me están

139

haciendo burla. Ni siquiera me llaman por mi nombre. Siempre me dicen "barrilete" y eso me enferma. Y yo qué culpa tengo de estar gordo." "¿Y yo? A mi me sucede exactamente igual. Yo tampoco tengo la culpa de crecer tan despacio. ¿Sabes lo que yo creo? Los niños son bastante bobos al hacernos burla por algo que nosotros no podemos cambiar." "Sí, los niños son bobos, bobos, bobos. ¡Vamos a gritarlo por todas partes, los niños son bobos, bobos, bobos!", reían contentos los dos muchachos.

"¿Qué es lo que estáis gritando?", les preguntó otro chico que apareció de pronto. El muchacho tenía unas piernas largas y delgadas y sus larguísimos brazos le colgaban del cuerpo como si él no tuviera nada que ver con ellos. Estaba algo encorvado, como si con ello quisiera parecer más pequeño de lo que era. "Estoy totalmente de acuerdo con vosotros. Los niños aquí son verdaderamente bobos. A mí me llaman "fideo". "¿De verdad?", exclamaron enano y barrilete al mismo tiempo. Enano tomó la palabra: "Si yo fuera tan alto como tú, ya no me volvería a quejar nunca más." Y barrilete continuó: "Si yo fuera tan delgado como tú, no volvería a llorar más." "¡Qué tontería!", les contestó fideo "yo me cambiaría encantado por vosotros. Un poco más de relleno y ser un poco más bajito no me vendría nada mal. Yo con eso ya sería feliz." "A mí me gustaría ser como tú y a ti te gustaría ser como yo? ¿No es curioso y realmente gracioso? ¡Mira y hasta incluso rima!" De esta forma, entre risas y alegría, sellaron su amistad los tres amigos.

A partir de entonces, Enano, Barrilete y Fideo quedaban para salir todos los días y ninguno de ellos veía nada extraño en los otros dos. Siempre que algún niño empezaba a burlarse de ellos, empezaban a cantar al unísono: "¡Cantamos el pregón, este niño es un tontorrón!" y ninguno se enfadaba porque juntos se sentían mejor y más unidos.

Cuando los demás niños se dieron cuenta que ninguno de

los tres amigos se molestaba por las burlas, empezaron a aburrirse de decirlas y, con el tiempo, incluso a darse cuenta de que los tres eran, además, simpáticos y divertidos. Enano seguía siendo igual de pequeño, Barrilete igual de gordo y Fideo igual de delgado. Todo seguía siendo igual y, sin embargo, todo había cambiado. ¿Por qué?

Los tres amigos han enseñado a los niños que sólo la gente tonta juzga a los demás por su apariencia y han demostrado, gracias a su alegre forma de ser, que no son distintos de los demás.

Consejos a los padres

Ser más pequeño, más alto, más gordo o más delgado. Cualquier rasgo que diferencie a un niño del resto de su grupo, puede ser causa de serios problemas para el niño. Se convierten en objeto de burla, son caricaturizados y ridiculizados. Los niños pueden llegar a ser verdaderamente crueles, si bien, naturalmente, ellos no se den cuenta de lo que hacen. Todo aquello que sea diferente, que se salga de la norma, se convierte en el foco de atención. Niños y adultos empiezan primeramente con simples comentarios como "¡Uy, pero que pequeño es este niño!" A partir de ese momento, depende de la reacción del interesado si dichos comentarios se convierten en burlas o no. Si el niño consigue ignorar el comentario o si lo reconoce abiertamente, "Sí, es verdad. Soy demasiado pequeño", las provocaciones cesaran rapidamente. Si, por el contrario, se muestra ofendido e intenta ocultarlo tras una actitud arrogante, esto puede ser suficiente motivo para que los demás sigan "ahondando" en la herida.

¿De qué forma puede usted ayudar al niño si está siendo objeto de burlas?

1. Aceptando al niño en su problema:

   Esto significa no intentar disuadir al niño de sus dificultades ("¡Venga hombre, tampoco es para tanto, tú no eres tan...), sino demostrar mucha comprensión: "Creo que te avergüenzas porque eres más pequeño (más alto, más gordo,...) que los demás niños, ¿verdad? Me imagino lo mucho que te duele cuando te hacen burla los demás. A ti lo que te gustaría es ser tan... como los otros niños."

2. Muestre al niño el camino que conduce a la superación del problema:

   "¿Son todos los niños que tú conoces exactamente iguales? ¿No hay en tu grupo, quizá, algún niño que sea más gordo, malo, flaco, alto o más descuidado? Piensa a ver si se te ocurre alguno...

   ¿Sabes? Ayer vi a un niña por la calle a la que unos niños hacían burla por no querer tomar un helado. A ti te encanta el helado. ¿Puedes imaginarte que haya alguien en el mundo a quien no le guste el helado? No, ¿verdad? ¿Te reirías de ella por eso? Seguro que no. Ya ves, siempre hay gente tonta que se ríe de todo aquel que es o hace las cosas de manera distinta a como las hacen ellos. Por cierto, esa niña hizo lo mismo que los tres amigos de nuestra historia, como Enano, Barrilete y Fideo. Dejó plantados sencillamente a los tres guasones, dio un bocado a su bocadillo de queso y se fue riéndose con su amiga a jugar a la pelota. Los otros niños, entonces, dejaron de hacerle burla porque ya no les resultaba nada divertido.

   En el fondo da exactamente igual el aspecto de una persona si es divertida o amable y no se deja hacer burla. Entonces, se dan cuenta los demás de esas cualidades interiores y no le prestan más atención a las apariencias.

Vamos a pensar juntos en cuántos niños conocemos que sean diferentes de los demás en alguna cosa. Veras que sorpresa te llevas. Hay muchos más de los que tú crees. Hasta ahora no te has dado cuenta porque ellos siempre están contentos y no se preocupan de burlas y demás."

3. Ayude a su hijo a aceptarse y valorarse a sí mismo: "Gregorio y Carlota son tus amigos, ¿verdad? ¿Por qué crees tú que les gusta tanto venir a verte? Recuerdo cómo el otro día compartiste con ellos tu merienda. Tú eres generoso y te gusta compartir. Puedes estar realmente orgulloso de ello. También me acuerdo de que, en otra ocasión, no delataste a Gregorio cuando éste hizo una cosa mal hecha. Eres un buen compañero en el que se puede confiar. ¿Recuerdas tú también alguna cosa buena que hayas hecho y que te demuestre cómo eres y por qué a los demás les gusta estar contigo?"

Si su hijo tiende a la agresividad

TOMAS Y EL CUERVO NEGRO

Tomás es un muchacho salvaje y peleón. Riñe con todos los demás niños porque quiere demostrar que es fuerte y no permite que nadie le pise. Los niños le temen y tratan de esquivarle en lo posible. Como es de suponer, Tomás no tiene amigos.

A los mayores les responde con impertinencias y, cuando éstos le llaman la atención, se marcha ofendido a su habitación. Antes de desaparecer coge lo primero que se encuentra y lo arroja con rabia contra el suelo o pega tal portazo que tiemblan las paredes.

Una tarde, de repente, entra volando por la ventana abierta de la habitación de Tomás un enorme cuervo negro.

"Cra, cra, cra, cra,
el cuervo ha venido a ayudar.
No me puedo creer que seas tan malo
lo que creo que te pasa es que
estás solo, triste y cansado.
Cra, cra, cra, cra
el cuervo ha venido a ayudar.
Levanta, pequeño salvaje,
y mira en mi televisión mágica
el siguiente reportaje.

Cra, cra, cra, cra,
el cuervo ha venido a ayudar."

El cuervo negro sujeta con sus afiladas garras un peque-ño televisor. Agita las alas tres veces y entonces aparecen las primeras imagenes. "El pequeño cuervo negro y el hombreci-llo de las nieves." Como tú no puedes ver la película desde tu casa, te voy a contar yo la historia.

En las altas montañas viven muchos, muchísimos cuer-vos. Entre los muchísimos niños cuervo hay también un cuer-vo pequeño que juega alegre con los demás.

De repente, un buen día cambian totalmente las cosas. Los padres cuervo tienen que construirse un nido nuevo y están muy ocupados. La familia al completo, los abuelos cuervo, el tío cuervo, la tía cuervo, todos, absolutamente todos ayudan en el trabajo. Están tan ocupados que apenas encuentran tiempo para dedicarse al pequeño cuervo. A veces está rabioso, otras veces triste, decepcionado, después otra vez furioso y enfadado. Cuando, por fin, los padres encuen-tran un ratito para dedicárselo a su hijo y le preguntan cual-quier cosa, él les responde altivo e insolente. Sus padres le avisan: "¡Vaya pico tan fresco que tienes! ¿No puedes com-portarte como los demás niños? ¡Toma ejemplo de todos ellos!" Entonces, el pequeño cuervo empieza a pensar que sus padres prefieren a los otros niños antes que a él y todavía se pone más furioso con los demás cuervecitos. Da picotazos a sus compañeros de juego a diestro y siniestro e incluso les arranca las preciosas plumas de sus rabos. Como os podréis imaginar, ningún niño cuervo quiere saber nada más de él y poco a poco le van excluyendo de sus juegos.

El pequeño cuervo empieza a creer que todos están contra él y ya nadie más le quiere. El muy cabezota piensa: "Bueno, de todas formas no necesito a nadie. Todos sois unos tontos y feos. Todos sois malos conmigo. No os quiero a ninguno." Y, de esta forma, empieza a torturar cada vez más a su prójimo, insolente con los mayores y cabezota con sus padres. Éstos ya no saben qué decirle, tienen que estar regañándole continuamente, amenazándole e incluso castigándole. Pero todo es en vano. El pequeño cuervo sigue metiéndose con los demás. Preocupados, los padres emprenden vuelo a las montañas nevadas para pedir consejo al sabio hombrecillo de las nieves.

El hombrecillo de las nieves, un enanito viejo y bondadoso con una larguísima barba blanca, les aconseja traer al pequeño cuervo a las montañas nevadas para que pase una temporada con él. En todo el reino animal, el enanito es conocido como un personaje sabio, bondadoso y siempre dispuesto a ayudar. Son muchos los animales que llegan hasta él para pedirle consejo o ser curados cuando han sufrido algún daño.

Y, de esta forma, llega también hasta allí el pequeño cuervo. Sus padres se despiden tristes, a su madre incluso se le saltan las lágrimas. El hombrecillo de las nieves saluda cariñosamente al pequeño cuervo sin hacer caso de su gesto terco y furioso.

"Estoy encantado de que hayas venido. Creo que puedo confiar en ti y que me vas a ayudar en lo que te pida. ¿Me podrías hacer un gran favor? El fuerte oso de las nieves está acostado en mi casa con terribles dolores de estómago. Necesita una hierba especial para curarse. Tú podrías aliviarme mucho el trabajo y calmar los dolores del oso, si bajas hasta el valle y traes esta hierba especial. No es una tarea fácil y entiendo perfectamente que te resulte difícil, pero yo confío en ti. Creo que eres lo suficientemente listo y trabajador y que nos servirás de gran ayuda. ¿Vas a hacerme este favor?"

El pequeño cuervo no sabe qué contestar. No está acostumbrado a que la gente confíe en él desde el primer momento y que se le encomiende una tarea así de importante. Duda un poco y se siente inseguro. Entonces responde impertinente:

"¡Bueno, por mí! De todas formas, me voy a aburrir como una ostra en estas tristes montañas nevadas."

Al hombrecillo de las nieves no le molesta la impertinente contestación del pequeño cuervo y no presta atención a su tono maleducado. "¡Gracias, te lo agradezco sinceramente! Tu ayuda es imprescindible para nosotros. ¡Qué bien que puedo confiar en ti de esta manera!"

Aunque el pequeño cuervo no lo quiere reconocer todavía, está orgulloso de las palabras del hombrecillo de las nieves. Rapidamente, emprende el vuelo para buscar la hierba que curará los terribles dolores del oso. No es nada fácil encontrar la planta correcta entre la multitud de especies distintas, pero el pequeño cuervo se alegra de poder cumplir una tarea tan importante y sentirse útil por primera vez. Una vez que ha encontrado la planta, emprende vuelo de regreso.

El hombrecillo de las nieves está muy contento con el pequeño cuervo y no ahorra en palabras de admiración. Muy pronto el oso empieza a mejorar gracias a las hierbas que le ha traído el pequeño cuervo y vuelve a estar igual de fuerte que antes. Poco a poco, también el resto de los animales va ganando confianza y cada vez son más los que le piden ayuda.

Un buen día ve venir a sus padres volando. Están muy contentos de volver a tener a su pequeño y querido cuervo. El hombrecillo de las nieves se despide de él: "Has aprendido mucho en los últimos tiempos. Ahora ya sabes cómo ayudar a los demás y te has convertido en un ser amable y formal. ¡Te vamos a echar mucho de menos! Vuelve por aquí algún día cuando hayas conseguido ganarte la confianza de los demás cuervos como lo has hecho aquí."

Y como el pequeño cuervo no sólo se ha convertido en valiente y bondadoso sino que, además, se ha hecho un cuervo muy inteligente, se comporta con los demás cuervos igual de amable y dispuesto a ayudar que lo hizo en las montañas nevadas con los otros animales. Los cuervos empiezan a tenerle respeto y los niños cuervo quieren volver a jugar con él.

Los padres siguen estando igual de ocupados que antes, pero le sonríen orgullosos siempre que pasan a su lado. De esta forma, él se da cuenta de que, aunque no tengan tiempo de ocuparse de él, le quieren mucho y nunca se olvidan de él.

Y con esta escena acaba el programa de televisión mágico. De repente a Tomás se le pasa una idea por la cabeza: "¿Eras tú por casualidad el pequeño cuervo? ¿Quieres ayudarme porque yo soy tan tonto como tú cuando eras pequeño?"

El cuervo negro asiente con la cabeza y entrega a Tomás una planta con cuatro hojas redondas. "¿Y qué hago yo con esto?", se sorprende Tomás.

> Cra, cra, cra, cra
> el cuervo ha venido a ayudar
> Si volvieras a ponerte furioso
> y quisieras ser con los demás
> quisquilloso,
> coge esta hierba en la mano
> y apriétala contando de uno a cuatro.
> ¡Adiós al enfado en menos que
> canta un gallo!
> Si eres amable y bondadoso
> pronto te querrá hasta el oso,
> recuerda al cuervo al despertar
> y los amigos te lloverán.
> No lo olvides nunca. Adiós amigo,
> cra, cra, cra
> ahora somos dos para ayudar."

"¿Puedo llegar yo a ser como el pequeño cuervo? ¿Y cómo lo voy a hacer? Aquí donde yo vivo no hay osos de las nieves que pueda curar. Y tampoco está el hombrecillo de las nieves para ayudarme." Durante el desayuno, Tomás le cuenta a sus padres la aventura y les pide que le aconsejen para que pueda llegar a ser como el pequeño cuervo.

Sus padres le proponen jugar con él al hombrecillo de las nieves y al pequeño cuervo. Los padres representarían el papel de "hombrecillo de las nieves" y podrían pedir a Tomás, es decir al "pequeño cuervo", que les ayudara en el cuidado de las plantas o les aconsejara cual podría ser la comida del domingo y, en alguna ocasión, incluso que se hiciera cargo de hacer algún encargo importante para el "hombrecillo de las nieves". Resumiendo, Tomás debe convertirse en una persona importante dentro de la familia, como el pequeño cuervo en casa del hombrecillo de las nieves. Naturalmente, si es capaz de utilizar como es debido el regalo del cuervo negro, es decir, la hierba mágica.

Siempre que Tomás empieza a ponerse nervioso o quiere enfadarse con alguien, coge su hierba mágica y acaricia las hojas una a una contando despacito: uno, dos, tres, cuatro... Y mientras cuenta, piensa en la historia del pequeño cuervo y parece mentira pero el enfado casi se le ha pasado.

Consejos a los padres

La agresividad de un niño se puede manifestar verbalmente (el niño es descarado, grita o dice palabrotas) y de hecho (rompiendo cosas o pegando a las personas). Por lo general, el niño se limita a las agresiones verbales para desahogarse. El comportamiento agresivo se manifiesta sobre todo cuando el niño tiene celos, se siente desfavorecido o incomprendido y no recibe la atención o el cariño que desea.

Para abordar la agresividad infantil, no basta por lo tanto con hacer frente a los ataques de rabia. El objetivo deberá estar en intentar hacer desaparecer la causa de dicha agresividad.

La familia aquí desempeña el papel más importante. Fundamental es, asimismo, que el niño no tenga un ejemplo agresivo en su misma familia. Obsérvese a sí misma y preste atención a las veces que es usted quien grita al niño. ¿Es usted capaz de dominarse? Para el niño es preciso desenvolverse en un ambiente tranquilo y comprensivo. Debe sentirse un miembro de la familia aceptado y considerado que es útil e importante para sus padres.

Ahora bien, ¿cuál es la mejor manera de reaccionar ante la agresividad del niño? Si le regaña o castiga no conseguirá que comprenda las cosas. Todo lo contrario, para el niño es una prueba más de que nadie le quiere y le comprende. El niño se vuelve cada vez más cabezota y desahoga su decepción en forma de agresiones.

Tampoco sirve de nada intentar convencerle de buenas maneras. En este caso el niño cree que, gracias a su comportamiento agresivo, recibe la atención que necesita. Es decir, su agresividad se ve premiada. El niño no asimila los argumentos de los padres de la forma que ellos lo expresan y, por lo tanto, carecen de sentido.

Es importante tener en cuenta lo siguiente: no se debe prestar atención alguna al comportamiento agresivo.

Si existe el peligro de que el niño se pueda hacer daño a sí mismo o a terceras personas o pueda romper algún objeto, se le sacará del "campo de batalla". Tranquila pero decididamente y sin decir una palabra, se le retirará de la "zona de peligro". Entonces se le puede decir: "Cuando te hayas tranquilizado podemos volver a disfrutar de tu compañía". En ningún caso es conveniente encerrar al niño en un cuarto. Lo importante es separarle espacialmente de la situación precedente. Si es usted capaz de no prestar atención a la rabieta, sería incluso conveniente permanecer junto al niño. De esta forma, tiene la oportunidad de dedicarse con cariño al niño en cuanto se le pase la rabieta. Este tipo de ataques agresivos puede prolongarse durante bastante tiempo. Por ello, es conveniente que mantenga la calma por encima de todo.

A continuación, les voy a relatar un ejemplo de mi época como directora de colegio:

Toni era un niño de ocho años que desde los tres (fase de contradicción) había sido calificado por sus padres de niño conflictivo. La madre era una persona nerviosa e impaciente que protestaba continuamente. El padre aparentaba ser una persona tranquila pero podía darse fácilmente el caso de que "explotara" y empezara a chillar a la madre. Es decir, la vida familiar era de todo menos armoniosa. Además Toni sentía celos de su hermanito de cuatro años.

Toni siempre se sentía molesto, atacado e incomprendido. No tenía amigos pero decía, testarudo, que tampoco le hacían ninguna falta. Con frecuencia se trataba sólo de algún detalle imprevisto (una frase sin pensar de la profesora o de algún compañero o el quedarse sin mina en el lápiz durante la clase de dibujo,...) lo que desencadenaba en ese niño comportamientos enormemente agresivos. Por ejemplo, salía corriendo de la clase, pegaba una patada a la pared, tiraba la silla o pegaba a algún niño más pequeño que él.

Cuando un día, durante el recreo, empezó a dar patadas a los demás niños del jardín de infancia, decidí llevármelo a mi despacho. Casi tuve que llevármelo del patio a la fuerza. Tirado en el suelo, se revolvía y pegaba a todo el que se le acercara. Una vez en mi despacho, comenzó a amenazarme con destrozar todo lo que encontrara. Yo, sin reaccionar ante su amenaza, contesté tranquilamente: "Lo siento mucho. Ya sé que estas muy enfadado conmigo." Durante unos segundos pude observar su perplejidad ante mi reacción pero, inmediatamente después, reponiéndose, empezó a tirar al suelo todos los papeles de mi escritorio. Mientras esto ocurría, me miraba esperando mi reacción. A pesar de lo difícil que me resultaba, seguí ignorando sus provocaciones. Su irritación iba en aumento, al no recibir con su comportamiento la reacción acostumbrada, pero seguía sin querer ceder. "¡Ahora te pienso romper el teléfono!", amenazó dirigiéndose lentamente hacia el aparato y mirándome de reojo. Si yo hubiera intervenido en ese momento, hubiera reforzado sus agresiones. Cogió el teléfono pero lo tiró con cuidado premeditadamente. Ya no pretendía desahogar sus agresiones rompiendo cosas, sino que su objetivo se había convertido en utilizarlas como instrumento de provocación, para forzar alguna reacción por mi parte.

Yo, por mi parte, continuaba callada sin mirarle. Entonces, comenzó a sentirse inseguro y a pegar un par de patadas contra la pared, a tirar todavía algunos lápices al suelo para quedarse finalmente frente a la ventana con el ceño fruncido. Había llegado el momento de dedicarle mi atención y mi cariño. Me acerqué a él y poniéndole mi mano sobre el hombro le dije: "Creo que lo que te ha pasado es que alguien te ha molestado y eso te ha puesto triste, ¿no?" Toni no respondió pero permaneció de pié en donde estaba. Yo continué hablándole mientras le acariciaba despacio: "Ya sé que duele mucho cuando se piensa que los demás no nos quieren. Me imagino que a veces te sentirás muy solo. Me he dado cuenta de que sabes dibujar muy bien. Tus dibujos me gustan muchísimo. ¿Sabes una cosa? A mi me gustaría que tú y yo fueramos amigos y que me trajeras de vez en cuando de sorpresa alguno de tus dibujos. A mi despacho le faltan cuadros de colores alegres. ¡Mira, aquí por ejemplo, le podría ir muy bien un cuadro!" Su rigidez iba cediendo, pero seguía sin decir una palabra. Poco a poco, empecé a recoger los papeles y los lápices del suelo mientras comentaba: "Sería estupendo si me pudieras echar una mano para volver a poner en orden todo esto." Sin decir nada me ayudó a recoger las cosas. "¡Estupendo, gracias por tu ayuda! ¡Eres un amigo de verdad!". Al día siguiente tenía en mi despacho el primer dibujo. A éste primero siguieron muchos dibujos más. Después de mantener largas y frecuentes conversaciones, sus ataques y agresiones en el colegio empezaron a disminuir a ritmo vertiginoso.

A los padres se les instruyó debidamente para actuar correctamente a partir de aquél momento y comprender e ir reduciendo las causas del comportamiento agresivo del niño. Además, acordamos implantar un "cuaderno de logros" o "libro de estrellitas" (descripción detallada en la página 21). Un niño agresivo llama la atención sobre todo por su comportamiento negativo. Los padres se ven obligados, por regla general, a estar continuamente llamándole la atención y tratar de convencer al "niño problema" por las buenas. Con frecuencia, se suelen olvidar de que el niño tiene a la vez un montón de cualidades positivas que se podrían resaltar. Si por sistema, sólo obtiene reacciones con su comportamiento negativo, no se le está estimulando precisamente para que mejore su conducta. El "libro de estrellitas" pretende ayudar a los padres para que dediquen mayor atención a las cualidades positivas del niño. Al niño, el libro le ayuda a obtener seguridad y confianza en sí mismo, gracias a lo cual, las causas originales de sus agresiones van perdiendo lentamente su efecto.

BOGO Y FLAPI, LOS NIÑOS OSO

¿Te has parado alguna vez en el zoológico a observar a los niños oso? ¿Has visto qué bien se lo pasan peleándose? Cuando la pelea va a más, mamá osa les agarra, les sacude y se los lleva a otra parte.

Bogo y Flapi son también dos de estos encantadores niños oso. Pero a ellos no puedes visitarlos en el zoológico pues viven con su mamá muy lejos de aquí, en una preciosa y acogedora cueva de osos. Bogo es el mayor de los dos y por ello el más grande y fuerte. A Bogo ya le dejan salir solo con frecuencia de la cueva. Le encanta saltar, trepar por los troncos de árbol caído o chapotear en el arroyo. Después se pone a cazar moscas o mariposas y a correr detrás de las hojas que caen. A menudo se revuelca simplemente sobre la hierba gruñendo satisfecho. Especialmente le gusta salir a descubrir cosas nuevas, pero sin marcharse demasiado lejos. Siempre es lo bastante inteligente como para quedarse cerca de la cueva.

A veces no le importa nada que Flapi le acompañe. Algunos de los juegos también son divertidos con ella. Sin embargo, la mayoría de las veces le estorba, pues Bogo tiene sus propios juegos para los que Flapi aún es demasiado pequeña o que son para jugar uno solo. Y Flapi se enfada porque querría que Bogo jugara con ella. Le gustaría hacer y tener todo como

155

su hermano. En cuanto no está jugando con su madre, empieza a importunar a Bogo. Le da pellizcos en el trasero, le arrebata las fresas o da un zarpazo a la torre de piedrecitas que Bogo acaba de construir. Como es de esperar, Bogo se enfada muchísimo y propina a Flapi un buen tortazo con su enorme narizota. Flapi llora de rabia y sale corriendo hacia la cueva en busca de su madre. Mamá oso consuela a su pequeña y Flapi se acurruca en su regazo. Pero no transcurre mucho rato hasta que Flapi quiere volver a jugar. Trepa por el lomo de su madre, le da pellizquitos, le muerde en las orejas y se desliza de un lado a otro. Mamá osa aguanta pacientemente.

"¡Qué juego tan divertido, yo también quiero jugar!", piensa Bogo acercándose. Bogo pega un salto para subirse a su madre con tanto entusiasmo que tira al suelo a Flapi.

Flapi se enfada y le muerde en la pata. Bogo pega un grito y se resbala también del lomo de su madre. Vuelve a subirse rapidamente, no sin antes pegar una bofetada a Flapi. Ahora también él está enfadado. Flapi afila sus garras y araña a Bogo en el hocico. Y la cosa no va a más porque mamá osa pone fin a esta historia con un rugido amenazador.

Mamá osa no se entromete cuando sus pequeños regañan un poco. Pero si la riña se convierte en pelea, no le queda otro remedio que intervenir. ¿Qué puede hacer mamá osa con estos dos gallitos de pelea? Ella quiere a los dos por igual y se entristece mucho cuando ve que se hacen daño de esta manera.

Finalmente, pide consejo a su vecino, el águila, que habita no muy lejos de allí, arriba en las montañas. El águila sabe muchas cosas porque es el rey de las alturas y puede observar desde el cielo todo lo que sucede en la tierra. Mamá osa se lamenta de su suerte. El águila le responde: "Te regalo una piedra de cuarzo. Vuelve a la cueva y ya verás como el cuarzo te ayudará". Y antes de que mamá osa puede formularle una pregunta más, el águila ya está otra vez en las alturas.

En la cueva los ositos se alegran de que su madre haya vuelto. "¿Nos has traído algo?" "¿Dónde has estado?" "¿Qué has estado haciendo?" "¡Dímelo a mí!" "¡No, dímelo a mí!" "¡No, a mí!" "Eres una tonta" "Mamá, me ha dicho que soy una tonta" "Y es que lo eres" "No, no lo soy, tú eres tonto". Y ya están otra vez peleándose. La mamá osa está afligida y quiere intervenir. Pero, de repente, el cristal de cuarzo brilla en los ojos de mamá osa. La luz le ha cegado y tiene que cerrar los ojos. Y un momento después cae en un sueño profundo.

"Mamá, despierta. Bogo no me quiere dejar en paz." "Eso no es verdad. Ella tiene toda la culpa. No la creas ni una palabra, mamá." Pero su madre no oye nada de lo que dicen. Está profundamente dormida. "¡Mamá, tengo hambre!", se queja Flapi. "¿Quién me prepara la comida? ¡Mamá, despierta!" "No empieces a llorar otra vez y búscate fresas o moras dulces. A lo mejor encuentro una colmena de abejas y entonces podemos comer toda la miel que queramos. Espera, que vuelvo enseguida", la consuela Bogo. Juntos, disfrutan después con los deliciosos manjares. "Estoy aburrida. Quiero jugar pero mamá sigue dormida. Entonces tienes tú que jugar conmigo, Bogo." "No", contesta Bogo, "yo quiero tirar piedras al río. Tú no puedes venir porque te caes al agua." "Entonces tienes que quedarte conmigo", lloriquea Flapi. "No seas como un bebé. Seguro que puedes jugar a algo tú sola. Invéntate un juego. Yo lo hago muchas veces. Vas a ver lo divertido que es. Después jugamos juntos." Flapi no quiere de ninguna manera que su hermano piense que todavía es un bebé. Por eso, se inventa un juego como hace Bogo.

Cuando Bogo vuelve del río, observa encantado lo bien que Flapi sabe jugar sola. "Has demostrado que ya no eres ningún bebé", la elogia. Los dos se revuelcan juntos por el suelo como hacen normalmente los osos pequeños. Sólo para divertirse. Bogo tiene cuidado para no hacer daño a Flapi y ésta ya no se queja tanto como antes. Pasan un rato muy divertido, se ríen mucho y cuando les entra sueño se acurrucan al lado de su mamá que aún sigue durmiendo profundamente.

A la mañana siguiente todos han descansado y se despiertan de buen humor. Los dos ositos pequeños están felices de que mamá osa pueda volver a hablar y jugar con ellos. Es mucho más agradable que pueda estar con ellos y no se pase todo el día durmiendo. "¡Vaya ayuda tan extraña la del cristal de cuarzo! ¿Qué habéis estado haciendo? ¿Os habéis peleado?", pregunta preocupada mamá osa. "Bogo se ha portado muy bien conmigo. Me ha buscado algo para comer." "Y Flapi, imagínate mamá, Flapi ha estado jugando sola como una osa mayor. No nos hemos peleado nada."

"Entonces el cristal de cuarzo ha sido una ayuda de verdad. Pero en realidad, no tengo ganas de quedarme dormida siempre que empecéis a pelearos. Y vosotros seguro que queréis verme siempre despierta. A lo mejor sois capaces de seguir practicando el portaros tan bien como ayer. Y, si a pesar de todo empezáis a reñir, como suele ocurrir entre hermanos, el brillo del cristal de cuarzo os servirá de advertencia. De esta forma las riñas no se convertirán en peleas y yo no tendré que volver a dormirme. ¿De acuerdo?" "¡Si, estupendo!", contestan los dos ositos contentos.

Y en verdad, a partir de entonces, mamá oso no tuvo que volver a dormirse. De vez en cuando, el cristal de cuarzo debe volver a brillar, pero peleas fuertes no han vuelto a producirse.

Consejos prácticos a los padres

La afirmación de que los padres quieren por igual a cada uno de sus hijos, es cierta con toda seguridad. Lo que no es cierto es que los padres traten igual a cada hijo. Con frecuencia exigen demasiado al mayor esperando de él que sea más "listo", ceda y asuma la responsabilidad ante sus hermanos menores y sea más independiente. Con los pequeños, los padres suelen valerse demasiado a menudo de la disculpa: "Todavía es muy pequeño y no lo entiende." Un argumento que, con toda seguridad, no hubieran utilizado con el primogénito en la misma edad, pues desde la llegada de los hermanos, juega el papel del "mayor".

La premisa, por lo tanto, es tratar a cada niño conforme a su edad y etapa de crecimiento, sin tener en cuenta su posición entre los hermanos.

Cuando los niños tienen la impresión de que un hermanito disfruta de ciertas ventajas debido a su edad, empiezan a imitarle. El mayor se comporta de repente como un niño pequeño, el menor imita al "mayor". Si se le recrimina o censura, la desilusión se convierte, por lo general, en agresiones con el hermano o la hermana en cuestión.

Si se ve obligado a exigir consideración o renuncia de su hijo mayor, evite el argumento "porque tú eres el mayor". Este argumento no es comprensible para el niño. Solamente se siente desfavorecido y no aprende, por lo tanto, a entender el verdadero significado de la consideración. Lo mejor es hacer hincapié en la ayuda mutua entre los miembros de la familia.

Usted puede atenuar los celos y las disputas entre los hermanos pero nunca evitarlos por completo. Una cierta rivalidad y un medir de fuerzas son normales. No intervenga en las disputas entre hermanos. No juegue, en ningún caso, a ser el juez. Intervenga sólo en el caso de que un niño o un objeto estén en peligro. Exprese los sentimientos de los gallos de pelea ("Ya sé que estás muy enfadado", "te ha molestado algo"), sin llegar a enjuiciar la situación. Después, intente separar y distraer a los niños.

En el caso de que sus hijos discutan con una frecuencia mayor de lo normal, pregunte a cada uno de ellos primeramente lo que le molesta del otro y si quizá no hay también cosas que le agraden. Acuerde con ellos conjuntamente medidas efectivas.

Si se divisa una pelea en el horizonte, puede servir de ayuda, por ejemplo, una señal divertida ("señal secreta") que los mismos niños han escogido, que les recuerde el comportamiento deseado. Si consiguen acabar o atenuar la pelea poco después, pueden elegir el juego o la historia que más les guste. En el caso de que no reaccionen a la señal, cuente en forma de monólogo o de conversación con una muñeca lo bonito que sería si los niños dejaran de pelearse y el juego tan divertido al que podrían jugar juntos. De esta forma les conduce hasta el comportamiento deseado sin mencionar de forma directa la pelea. Sólo después se tratará el tema de la pelea y se volverá a hablar sobre el programa.

Cuando disminuya la frecuencia de las peleas, se hará desaparecer poco a poco el programa.

*Para que su hijo se convierta en
un buen compañero*

LOS NIÑOS ARDILLA

Roberto ama a los animales por encima de todo. Conoce perfectamente todas sus costumbres y puede pasarse las horas observándolos. También las flores le encantan. Roberto nunca cortaría una rama de un árbol o flores sin que fuera necesario.

Roberto es un muchacho amable, simpático y siempre dispuesto a ayudar. Ayuda a su madre en los trabajos de la casa y hasta sabe preparar él solo alguna que otra comida sencilla. A su madre le alegra mucho que Roberto tenga ese amor a los animales y a las plantas. Y está orgullosa de él por lo bien que ayuda en la casa. Sin embargo, también está un poquito triste ya que preferiría ver a Roberto jugar más a menudo con otros niños de su edad.

Pero Roberto no tiene ganas de jugar con niños. Le resultan demasiado salvajes y aburridos jugando siempre al fútbol, presumiendo de cosas y peleándose para demostrar quién es el mejor. Lo mismo le sucede con las niñas, aunque a veces desde luego prefiere sus juegos a los de los niños. Pero a las niñas no les gusta jugar con un chico. Por ello, suele ocurrir que Roberto se entretenga en el parque con niños más pequeños o con bebés, a los que les da igual si es un niño o una niña.

Pronto empiezan los demás niños a burlarse de Roberto

llamándole "cobarde, aburrido, niñera" y cosas por el estilo. A Roberto le enferma tener que permitir que le llamen todas esas cosas, sobre todo porque ninguna de ellas es verdad. Pero, ¿cómo puede Roberto dejar claro a esos tontos que son injustos con él?

Cuando un día un niño especialmente descarado le grita "¡Eh, tú!, ¿sabes acaso si eres un niño o una niña?", Roberto se avergüenza muchísimo. Le duele mucho que los demás niños no quieran entenderle. Triste y afligido camina fuera de la ciudad hasta un bosquecito cercano. Se sienta encima de un tronco caído y comienza a llorar amargamente "¿Por qué tienen que ser tan tontos los demás niños?, ¿es que sólo se es un chico si se juega al fútbol y se pelea?, ¿qué significa en realidad ser un chico?, ¿soy yo menos que los otros porque me gusta estar con niños más pequeños, porque ayudo a mi madre en casa y porque no me gusta perder el tiempo con tonterías? ¡Yo soy un niño exactamente igual que los demás!".

"Tú eres un niño especialmente bueno", dice de pronto una voz suave. Roberto se asusta muchísimo. Mira hacia la izquierda, después hacia la derecha, hacia delante y hacia atrás pero no consigue ver a nadie. "Aquí, en la copa del árbol estoy", dice la voz.

Roberto mira hacia la copa del árbol y por fin puede ver de donde sale la voz. "Anda, tú eres una de las muchas ardillas que yo he observado muchas veces en sus divertidos juegos, ¡qué gracia! y, ¿desde cuando saben hablar las ardillas?", se asombra Roberto.

"Todos los animales tienen su lenguaje, pero son muy pocos los humanos que pueden entenderlo", le explica la ardilla saltando hasta el suelo. "¡Ven, te voy a presentar a mis amigos!". La ardilla ya ha salido saltando por el bosque. A Roberto le cuesta trabajo seguirla.

En medio del bosque está teniendo lugar en esos momentos una reunión de ardillas pequeñas. No se ve otra cosa que montones de ardillas. Levantan sus preciosas colas y Roberto tiene la impresión de que se creen muy importantes. "Estamos acordando una distribución de los trabajos y los juegos para nosotras, las ardillas pequeñas", le explica.

Una ardilla de color marrón oscuro levanta la voz dirigiéndose a la multitud: "Todavía me quedan unas cuantas nueces. Las podríamos utilizar para jugar al fútbol. ¿Quién quiere jugar?" No pasa mucho tiempo hasta que la ardilla de color marrón oscuro tiene organizado un grupo para jugar.

Entonces toma la palabra una ardilla de color rojizo: "Yo tengo todavía restos de jugos de flores, de algunas especias y de nueces. Podríamos organizar un curso de cocina. ¿A quién le apetece?" Y otra vez deciden unas cuantas ardillas tomar parte en el curso de cocina.

Una ardilla de color marrón claro exclama: ¿Qué os parece si organizamos un club de trabajos manuales? Con los tallos largos podríamos construir techos para nuestras cuevas o tejer cortinas para las puertas." "¡Buena idea!", corroboran algunas ardillas. E inmediatamente forman un grupo de trabajos manuales.

Todavía siguen algunas ideas para juegos y competiciones, el escondite y otras muchas cosas más igual de divertidas. No solamente se organizan grupos para los juegos, sino también grupos para el trabajo: algunas ardillas pequeñas se declaran voluntarias para ayudar a la ardilla abuela enferma. Otras para conseguir nueces y bellotas para las ardillas mayores que ya no pueden correr tanto. Y, por último, se forma un grupo que se propone limpiar el bosque de papeles y basuras que dejan allí las personas.

Roberto está fascinado: "¡Esto me gusta! Con vosotras me encantaría jugar o trabajar. Cada una puede hacer lo que más le apetezca y, al mismo tiempo, sois ordenadas y trabajadoras."

La ardilla le contesta: "Tú eres igual que nosotras. Tú

ayudas a tu madre, sabes limpiar, cocinar y te gustaría jugar a muchas cosas diferentes." "Bueno, ya", contesta Roberto, "pero aquí con vosotros nadie me haría burla como lo hacen los niños de la ciudad. Por cierto, ¿eres una ardilla chico o una ardilla chica? ¿Y que son los demás niños ardilla? ¿Quienes son chicos y quienes chicas?"

"¡Eso da exactamente igual!", se ríe la ardilla. "Pero si lo quieres saber por encima de todo, porque, curiosamente, es algo muy importante para ti, te diré que soy una chica. De las otras ardillas es difícil decirte ahora quien es una cosa u otra. Pero más o menos siempre hay el mismo número de chicos que de chicas en cada grupo de trabajo o de juegos. No lo sé exactamente porque nosotros no le damos tanta importancia a eso. Lo más importante es que seamos buenos compañeros. Nuestros padres también son buenos compañeros y se reparten todas las tareas exactamente. Nosotros lo hemos aprendido todo de ellos."

"¿Cómo?", se sorprende Roberto. "¿Quieres decir que tu padre también ayuda en casa, que los chicos dejan jugar al fútbol a las chicas y que también hay chicos que quieren participar en el grupo de los trabajos manuales?"

"Claro, ¿por qué no? Cada ardilla hace aquello que le interesa o para lo que vale. ¡Está tan claro como el agua! No te entiendo. ¿Qué es lo que es tan difícil de comprender? ¿Por qué van a tener las chicas otros intereses o van a ser mejores que los chicos o por qué van a tener que hacer los chicos otros trabajos y jugar a cosas diferentes que las chicas? ¡Lo principal es que todas somos ardillas! ¡Vosotros los humanos tenéis a veces ideas realmente extrañas!", dice la ardilla moviendo la cabeza. "¿Es esto lo que te pone tan triste, que los hombres hagan diferencias tan absurdas entre los chicos y las chicas? Tú tienes un buen corazón y eso es lo más importante. Puedes estar orgulloso de ser como eres. Ríete tú de los niños humanos que son muchísimo más tontos que nosotros. Créeme, no eres ni un cobarde ni un aburrido si a veces no tienes ganas de participar en los juegos de los chicos y te gusta jugar a algunas cosas con las chicas. Tienes razón, un chico también debe ayudar en la casa. Ahora lo has visto también aquí en nuestra casa. Nosotras somos todas ardillas contentas y felices. Aunque a veces nos peleemos y se derramen algunas lágrimas, al fin y al cabo somos todos, chicos y chicas, buenos compañeros. ¡Adiós amigo, te deseo suerte! ¡Vuelve pronto a visitarnos! No te olvides de todo lo que has visto aquí." La ardilla desaparece corriendo para reunirse con sus amigos.

Roberto está sentado sobre el tronco del árbol. Está muy confuso y no sabe si todo lo que ha visto ha sido un sueño o ha sido realidad. "¿He visto de verdad la reunión de ardillas o lo he soñado? ¿Cómo era? A ellas les da lo mismo si un chico es como normalmente son las chicas o si una chica se comporta como normalmente lo hacen los chicos. Estas ardillas son realmente inteligentes. Yo las he estado observando tantas veces como recolectan nueces o bellotas. Pero nunca me he parado a pensar si son hembras o machos cuando saltan de un árbol a otro."

Roberto regresa a casa muy impresionado después de la vivencia que ha tenido. "Las ardillas tienen razón. No voy a dejar que me molesten más esos niños tontos. En realidad, puedo estar orgulloso de ser como soy porque sé hacer todo lo que normalmente hacen las chicas y, además, puedo hacer todo lo que hacen los chicos. Por lo tanto, sé hacer muchísimas más cosas de lo que saben hacer los demás niños en mi ciudad."

Roberto se siente ahora mucho más seguro. Y con esta nueva seguridad en sí mismo, entra en el parque. Observando a los demás niños se da cuenta de que no parecen estar tan felices y satisfechos como lo estaban las ardillas. Los chicos se pelean como unos salvajes por la pelota y las chicas están sentadas pegadas unos a otras sin permitir que otra chica participe de sus secretos. Un chico da vueltas en bicicleta siempre alrededor del mismo círculo y otra chica salta aburrida a la cuerda. Los más pequeños tampoco parecen disfrutar de sus juegos en la arena. Los niños destruyen los castillos que han hecho las niñas y las niñas se ponen a llorar.

"¡Esto tiene que cambiar!", piensa Roberto. "Tendría gracia, si nosotros los niños humanos no pudiéramos ser tan listos como las ardillas." Y así empieza Roberto a contar a los demás niños del parque su experiencia vivida con las ardillas. "¡Va, qué tontería! Yo no pienso jugar a ningún juego de niñas." "¡Verdaderamente no sabéis entender nada!", se enfada Roberto. "A partir de ahora no habrá más diferencias entre juegos de chicas o de chicos. Habrá juegos de niños en general. Pensad un poco. Hasta ahora os habéis peleado más que jugado, porque os estábais aburriendo. ¡Probadlo aunque sólo sea por una vez!" "Bueno, vale, por intentarlo no pasa nada", contestan al final.

De esta forma, Roberto organiza los diferentes grupos de juegos, tal y como lo había visto con las ardillas. Y mira tú por donde que todos los niños se lo pasan en grande. Y hasta se les ocurren estupendas ideas para realizar nuevos juegos.

La distribución del trabajo entre los chicos y las chicas no resulta tan fácil ni funciona tan deprisa. Para muchos chicos resulta mucho más cómodo dejar a sus hermanas recoger los platos de la mesa, mientras que ellos miran los deportes con su padre en la televisión.

Consejos prácticos a los padres

A los niños hay que inculcarles desde pequeños el sentido del compañerismo. Compañerismo significa respetar a los demás con sus cualidades y particularidades. Incluyendo una distribución del trabajo justa.

Como se puede leer en la parte teórica al comienzo de este libro, la mayoría de los comportamientos pueden inculcarse. La comodidad, el comportamiento dominante, la timidez y la dependencia son "cualidades" que proporcionamos a nuestros hijos mediante la educación. También, por lo tanto, aprenden de nosotros la tolerancia con los demás y el comportamiento futuro en la sociedad. Si otorgamos a un niño privilegios desde el principio, sólo por el hecho de ser un chico (puede ser más salvaje, tiene más libertad y tiene que ayudar menos en casa) no habrá de extrañarnos que después quiera que le sirvan y no sea capaz de tener una buena relación de compañerismo en la pareja. El propósito de inculcar al niño el sentimiento de compañerismo está predestinado a fracasar si los padres no sirven con el ejemplo correspondiente. Si uno de los dos conyuges (no tiene por qué ser siempre el hombre el que dé el mal ejemplo) no vive conforme a las reglas del compañerismo, es imposible que el niño experimente lo que significa vivir en comunidad, tener tolerancia y respeto mutuo. El niño se orienta en este caso hacia el modelo que le permite vivir bajo las condiciones más favorables, es decir, hacia el ejemplo que le brinda la parte egoísta.

Primeramente, los padres debemos aprender a apartarnos de los repartos de papeles tradicionales y las ideas anticuadas entre los hombres y las mujeres, a ver en una persona su calidad humana y no enjuiciarlo por el sexo o la raza. Sólo entonces conseguiremos transmitir e indicar a los niños el camino hacia el auténtico compañerismo.

LOS ACERIX Y LOS GOMARAN

En algún lugar de la infinidad del cosmos se encuentra un planeta abandonado y yermo al que una vez, hace muchos, muchos años, se consideraba como uno de los cuerpos celestes más hermosos.

Allí, donde hoy sólo puede verse arena sucia y peñascos desnudos, fluían ríos de aguas cristalinas que regaban y fertilizaban el rico paisaje. Los mares y los lagos reflejaban los tonos azulados del cielo. Se podía ver hasta el fondo de las aguas y observar las animadas actividades de los habitantes acuáticos. Los prados tenían preciosos colores con sus numerosas variedades de flores e insectos. Había flores rojas, azules, amarillas, blancas, rosas y malvas, con tallos cortos y largos. Por encima volaban mariposas, trepaban mariquitas, brincaban los saltamontes, zumbaban las abejas y cantaban los grillos. La misma animación podía verse en los bosques. Las frondosas copas de los árboles con sus preciosas hojas ofrecían un hogar a muchos animales. Innumerables especies de pájaros podían construir sus nidos en las ramas de los árboles sin ser molestados y su canto resonaba alegre por todos los rincones del bosque. Liebres, erizos, conejos, corzos, ardillas y otros muchos habitantes de los bosques brincaban, corrían, volaban y trepaban contentos en la verde espesura del bosque.

Aparte de los animales y las plantas, había otros habitantes en este hermoso planeta, los acerix y los gomaran. Los acerix eran seres desconsiderados y codiciosos, los gomaran, por el contrario, eran habitantes planetarios bondadosos pero, por desgracia, débiles e ingenuos.

Los acerix, en su avaricia, concebían e inventaban todo lo concebible e inventable y aspiraban a poder poseer todo lo posible. Contra la invención de nuevas máquinas y aparatos y la concepción de nuevas cosas, no habría habido nada que objetar si los acerix hubieran utilizado su talento con medida y objetivo y, sobre todo, con juicio. Pero con su avaricia de poseer, se enriquecieron más y más hasta que, en su abundancia, se volvieron ciegos para el medio ambiente.

Necesitaban muchísimo espacio para alojar todas sus pertenencias, sus bienes y todas sus máquinas. Por ello, comenzaron a cortar árboles, talar bosques, enterrar pantanos, asfaltar los prados y secar los ríos. Y, a pesar de todo, seguían sin tener suficiente espacio. Por eso decidieron deshacerse de todo aquello que no estaba totalmente nuevo y, naturalmente, de toda la basura que producían sus máquinas, tirándolo a los ríos, lagos y mares. Los niños acerix imitaban tontamente a sus padres tirando sus juguetes viejos, latas de bebidas, papeles de chocolatinas y caramelos, paquetes y bolsas de plástico en los prados, bosques o ríos, allí donde se encontraban en ese momento.

Aunque los gomaran no estaban en absoluto de acuerdo con el comportamiento de los acerix, tampoco tomaron ninguna medida contra ellos. Al principio, los gomaran no se dieron cuenta de que todo se estaba volviendo cada vez más sucio y que la naturaleza estaba empezando a ponerse enferma. Ellos seguían disfrutando de los alegres prados y los verdes bosques. Cuando el daño que los acerix estaban causando a la naturaleza se hizo evidente, los gomaran se asustaron muchísimo. LLoraban cuando veían a un animalito heri-

do con una vara oxidada, se lamentaban con cada árbol enfermo, con las aguas turbias pero, al mismo tiempo, admiraban
el lujo de los acerix del que ellos también tomaban parte. Por
ello, los gomaran tampoco se atrevían a intervenir en contra
de los acerix.

Sólo dos niños gomaran, llamados Clarlos y Fernanlos,
fueron lo suficientemente listos como para tomar medidas
contra la contaminación y la suciedad de la naturaleza. Primeramente se pusieron a recoger todos los juguetes, plásticos,
latas y papeles que veían, a limpiar los bosques y el campo e
incluso buceaban en los ríos para sacar la basura. Pero el daño
causado al planeta ya era demasiado grande y los esfuerzos,
por desgracia, ya casi no merecían la pena.

Desesperados, decidieron ir en busca del habitante pla-
netario más inteligente y sabio de todos, el viejo buho. El buho
vivía en una haya centenaria que dejaba caer sus ramas ataca-
da también por la enfermedad. El buho comenzó a parpadear
pensativo, se limpió el plumaje y, rascándose detrás de la
oreja, comenzó a hablar finalmente: "Bueno, yo os puedo
ayudar. Mi bisabuela enterró un brebaje mágico debajo de
esta haya. Si humedecéis las plantas, animales y otros habitantes del planeta con tres gotas de este brebaje, en cuestión de
segundos se trasladan al planeta vecino, todavía deshabitado.
Lo peligroso es que tienen que ser tres gotas exactamente.
Quien reciba menos de tres gotas, se perderá en el cosmos y
quien reciba más de tres gotas aterrizará en un planeta lejano.
Y todavía hay algo más. No hay suficiente brebaje para todos
los habitantes. Por ello, es importante que los acerix no reci-
ban ni una gota. Y quizá sea mejor así, porque lo más seguro es
que los acerix no sean capaces de aprender de sus propios
errores y pronto ensuciarían el nuevo planeta igual que han
ensuciado este. Bueno, y ahora desenterrad el brebaje. Pedid
a los pájaros que os ayuden a distribuir las gotas. Daros prisa
y no perdáis el tiempo. Tenemos que salvar la naturaleza."

Clarlos y Fernanlos se dieron mucha prisa, ayudados por los pájaros, en repartir entre los animales y las plantas las tres gotas del brebaje. Los bosques y los prados desaparecían, los animales salían disparados por el cielo. El planeta se volvió gris y desolado.

Los gomaran lloraban amargas lágrimas y hasta los acerix estaban conmovidos. En lugar de flores rojas, se veían piezas de metal oxidadas, en lugar de flores amarillas materiales de construcción viejos, en lugar de peces flotaban manchas de aceite sobre las aguas y en lugar de árboles se levantaban montañas de basura. El planeta entero estaba recubierto de basura. Clarlos y Fernanlos comenzaron entonces a distribuir las tres gotas de brebaje entre los tristes gomaran para quitarles de la vista este desagradable panorama. Finalmente, tomaron ellos las tres gotas.

A pesar de que el viaje apenas duró unos segundos, Clarlos y Fernanlos tuvieron la sensación de despertar de un largo sueño cuando por fin aterrizaron en el nuevo planeta. ¡Qué hermoso panorama el que se abría ante ellos! Prados jugosos y alegres, ríos de aguas cristalinas, mares y lagos, el maravilloso mundo animal y los espesos bosques. Clarlos y Fernanlos se encontraron hasta con el haya centenaria que ahora levantaba sus ramas sano y fuerte mirando hacia el sol.

Los gomaran se sentían fuertes y valientes. Comenzaron a construir ciudades y a desarrollar maquinas, tal y como habían aprendido de los acerix. Pero teniendo muy en cuenta que sus fábricas, sus ciudades y sus maquinas respetaran la naturaleza para no volverle a causar más daños.

Cuando Clarlos y Fernanlos se tomaron las tres gotas del brebaje antes de salir para el viaje cósmico, la botella aún no estaba totalmente vacia. Cuatro acerix la habían encontrado y, avariciosos como eran, todos quisieron beber de ella. El primero y el segundo dieron un trago enorme, mientras que el tercero y el cuarto apenas recibieron una gota. La advertencia del viejo buho se hizo realidad: el tercer y cuarto acerix se perdieron en la infinidad del cosmos sin que ningún planeta quiera acoger a tales destructores del medio ambiente.

¿Y qué crees tú que le sucedió al primer y segundo acerix que tan sólo pudieron beber una gota de la botella? Tal y como lo había anunciado el viejo buho, ambos aterrizaron en un planeta lejano, ¡precisamente en nuestro planeta tierra! De esta forma tenemos a dos acerix entre nosotros. Tenemos que tener mucho cuidado para que no consigan hacer de nuestro planeta un lugar triste, sucio y desolado. Tú vas a colaborar, ¿verdad?

Consejos prácticos a los padres

La conciencia medioambiental ha dejado de ser, hace mucho tiempo, una ideología de minorías. Proteger el medioambiente se ha convertido en una de las medidas necesarias en las vida diaria y forma, por lo tanto, parte esencial de la educación.

¿Cómo puede inculcarse a los niños el respeto por el medioambiente, cómo puede fomentarse esta conciencia medioambiental? Sólo cuando los padres permiten al niño que participe de su amor por la naturaleza y le incluyen en sus pensamientos (sin obligarle a aceptar sus ideas), si demuestran al niño con el ejemplo, el respeto por la naturaleza y el renunciar a acciones que puedan perjudicarla, el niño asume la actitud correcta mediante el aprendizaje con un modelo.

Los padres, por lo tanto, deben servir en primer lugar de modelo. Sirviéndose de ejemplos prácticos deben entrenar la conciencia medioambiental junto con el niño en la vida diaria (doblando los envases de leche vacíos, tirar la basura en los lugares destinados a ello, no tirar nada al suelo, etc...), así como despertar la sensibilidad del niño frente a la naturaleza (explicando las costumbres y las necesidades de los animales, llamando la atención sobre la belleza y la utilidad de los insectos, tratando bien las plantas, no destruyendo, etc...).

Cuando su hijo haya aprendido a respetar el medioambiente limpio, cuando haya desarrollado una sensibilidad por la naturaleza, tratará con sensibilidad no sólo a las plantas y a los animales, sino también al resto de los seres humanos.

LA ABUELITA SE HA MUERTO

La abuelita ha muerto. Ana no puede imaginarse que la abuelita, a partir de ahora, ya no estará con ellos. Ana quería mucho a su abuela y ahora ¿no podrá volverla a ver nunca más?

En casa reina un ambiente triste, todo se ha vuelto silencioso y sus padres sólo hablan susurrando. Mamá se seca de vez en cuando las lágrimas y papá se aclara continuamente la voz. A Ana lo único que le han dicho sus padres es: "La abuela está ahora en el cielo. Allí está mucho mejor, porque ya no tiene dolores."

"Pero yo la quiero mucho. ¿Por qué ya no está con nosotros? ¿Por qué está mejor ahora? ¿Por qué se ha muerto?", pregunta Ana desconsolada. "Ya sabes que la abuela estaba muy enferma. Y que ya era muy mayor. El corazón está cansado y un buen día deja de latir", contestan los padres mirando tristemente hacia un lado.

"¿Se muere solo la gente mayor que está enferma? ¿Se morirán papá y mamá también de un corazón cansado? Yo creo que a veces también se mueren los niños. ¿Duele el morirse? ¿Qué significa estar en el cielo? ¿Está allí también el conejito que se me perdió el año pasado? ¿Está ahora jugando mi abuela con el conejito?" Todas estas preguntas preocupan a Ana, pero no se atreve a molestar con ellas a sus padres, que también están muy tristes.

Ana da vueltas y más vueltas nerviosa en la cama. De repente, ve la cara bondadosa y sonriente de su abuelita delante de ella. Ana recuerda las muchas historias y poesías que su abuelita le contaba con frecuencia. Todavía se sabe de memoria la poesía preferida de su abuela. Se trata de un muchacho que ha muerto y desde el cielo envía un saludo a su madre para que se consuele y piense contenta en su hijo:

"Los angelitos pequeños se sientan por las
    tardes a la mesa
con sus plumas blancas y resplandecientes.
Construyen estrellitas de formas hermosas
    y las recubren
con auténtico polvo de oro.
San Pedro mira de vez en cuando lo que hacen,
vigila aquí y allá sin tener un momento de tranquilidad.
Mira por encima de cada hombro, alaba y regaña
interviniendo allí donde haga falta.
Allí detrás de esa esquina
está sentado un feliz angelito.
Su estrella es casi más grande que él
y la pinta y la dibuja con un pincel.
De repente resuena una llamada que
cruza los cielos "Madre mía, ¿qué es lo que
    estás haciendo?
Todos miran y comprueban que el pequeño angelito
está pintando su estrella de azul claro.
Pedro le mira muy serio "Ay, niño, ¿qué estas
    pintando?"
Este le contesta divertido que es una estrella
    especial para su mamá. "A mamá le encanta
    el color azul claro y por eso
pinto mi estrella de ese color en vez de color dorado.
Así cuando ella mire hacia el cielo y vea resplandecer

mi estrella azul pensará feliz que esa estrella la ha pintado su querido niño."

Aunque los angelitos sólo pintan estrellas en los cuentos, Ana sabe que su abuela también le mandará saludos en forma de estrella de vez en cuando. Y como Ana quiere mucho a su abuela pensará en ella contenta tantas veces como quiera. Entonces, durante unos momentos, será como si su abuela todavía estuviera con ella.

Entonces recuerda Ana que por algún sitio tiene que estar un dibujo que su abuela le había regalado. Ana se pone a buscarlo y cuando lo encuentra quita de la pared un poster de Snoopy y cuelga el dibujo de su abuela. En ese momento entran los padres en su habitación y, de repente, se ponen todos a llorar. Sienta bien poderse desahogar del todo. Cuando se han tranquilizado un poco, empiezan a contarse mutuamente muchas historias divertidas sobre la abuela y es ahora cuando Ana se atreve a formularles todas sus preguntas.

Consejos prácticos a los padres

Permítase a si mismo y al niño tener un tiempo de duelo. Esto significa no reprimir sentimientos ni evitar el tema "muerte de una persona querida".

El miedo de desbordar al niño innecesariamente con un período de luto carece de fundamentos. Si el dolor que siente es muy profundo, no conseguirá ocultarlo del todo. Si, por el contrario, no expresa sus sentimientos, está intranquilizando a su hijo con las "señales de dolor" que usted emite inconscientemente. Si reconoce sinceramente sus sentimientos y permite que el niño haga lo mismo, le está ayudando a abrirse y a hablar de su dolor sin problemas. No caiga en el error común de querer consolar al niño con cualquier cosa, corrobore primero sus sentimientos.

No esquive ni gire en torno al tema "muerte", pero tampoco desborde al niño con excesivas explicaciones. El camino correcto es contestar a las preguntas del niño de forma clara y concreta, tal y como le han sido formuladas. Hable con la familia de la persona fallecida, intercambie recuerdos agradables y cuéntense unos a otros anécdotas divertidas. Esto tiene un efecto desahogante siempre y cuando antes se hayan permitido expresar abiertamente el dolor.

INDICE